温州中学新学人的历史书写

TIMES AND TESTIMONIES

时代与见证

主　编　吴　军
副主编　苏丰华 陈只信

ZHEJIANG UNIVERSITY PRESS
浙江大学出版社
· 杭州 ·

图书在版编目（CIP）数据

时代与见证：温州中学新学人的历史书写 / 吴军主编. -- 杭州：浙江大学出版社，2022.9（2023.6 重印）

ISBN 978-7-308-22970-8

Ⅰ.①时… Ⅱ.①吴… Ⅲ.①浙江省温州中学—校史 Ⅳ.① G639.285.53

中国版本图书馆 CIP 数据核字 (2022) 第 154210 号

时代与见证：温州中学新学人的历史书写

吴　军　主编　苏丰华　陈只信　副主编

策划编辑　吴伟伟
责任编辑　马一萍（pym@zju.edu.cn）
责任校对　陈逸行
封面设计　李腾月
出版发行　浙江大学出版社
　　　　　（杭州市天目山路 148 号　邮政编码　310007）
　　　　　（网址：http://www.zjupress.com)
排　　版　壹品设计工作室
印　　刷　杭州宏雅印刷有限公司
开　　本　710mm × 1000mm　1/16
印　　张　15.25
字　　数　175 千
版 印 次　2022 年 9 月第 1 版　2023 年 6 月第 2 次印刷
书　　号　ISBN 978-7-308-22970-8
定　　价　78.00 元

浙江大学出版社市场运营中心联系方式：0571-88925591；http://zjdxcbs.tmall.com

前　言

悠远的历史和传统文化积淀，在温州中学的办学历程中发挥着浑厚的育人功能，120 年来，家国情怀、精神之光，一脉相承。在新时代文化育人的校园文化建设总框架内，学校加强校史研究，对温中校园文化内含的育人价值进行体系化梳理、挖掘和构建，筑牢立德树人之基；不断激发文化育人内生动力，构建长效育人机制，紧跟时代发展，推进文化育人进程，为培养新时代人才蓄能。

一、温州中学百廿校史凝聚着独特的“温中风格”

温州中学文化育人理念体系的构建和制度建设，主要通过凝练具有核心竞争力的办学理念，发挥校歌的教育功能，弘扬和彰显独具特色的校训文化，在“润物无声”的氛围中营造积极向上、奋发有为的校园文化，将学校特色、教育终极目标、现实关怀等融为一体，形成和谐而独具特色的温中风格。

（一）办学理念渗透家国情怀价值观

办学理念是对办学实践的理性思考和思想追求，是学校发展远景的指导原则。20 世纪初，温中的创校先贤孙诒让先生绝意仕途，决心“自强之原，莫先于兴学”。后继者刘绍宽先生革新除弊、严谨治校、科学办学，公布《温州府官立中学堂暂定章程》，使学校管理真正挣脱旧藩篱。刘先生慧眼识珠，破格录用陈叔平等，为温中日后成为数学家摇篮奠定坚实基础。20世纪20年代，金嵘轩校长身体力行，甚至变卖自家两百余亩良田为学校偿还欠款，他推崇“兼容并包，思想自由”，于1924年延请校友谢文锦来校演讲，传播马列主义、十月革命思想，为浙南地区播撒了革命的火种。这些先贤的所言所行无疑是对学校办学理念——“舒根化种，击磬弘音”的最好注解。温中的教育既助力学子的卓越成长，更注重传递时代精神和家国情怀。

（二）校歌文化蕴含学子报国情怀

校歌折射历史印记、时代精神，是校园文化的重要载体，是学校办学历史的集中体现。1923年，朱自清先生受邀为学校创作校歌：“雁山云影，瓯海潮淙。看钟灵毓秀，桃李葱茏。怀籀亭边勤讲诵，中山精舍坐春风。英奇匡国，作圣启蒙，上下古今一冶，东西学艺攸同。”近百年来，这首优美的校歌伴随学校沧桑巨变，从仓桥、道司前、青田水南到九山湖、三垟湿地，始终在温中上空悠扬回荡。这首脍炙人口的校歌犹如学校的精神图腾，伴随蔡雄、金贯真、戴国鹏等学生领袖从稚嫩少年成长为坚定的马克思主义者、坚强的革命战士，谱写了浙南革命史上的动人华章。这首催人奋发上进的校歌陪伴苏步青、夏鼐、谷超豪、项飙等从瓯越之地走向中国、世界学术的最高殿宇。世纪薪火，传承不息，在嘹亮的校歌声中，历代温中人砥砺奋进、不懈追求。校歌已成为温中的一大文化品牌，是增强学子归属感、促发历代温中人建功立业、报效祖国的强劲动力源。

（三）校训文化领航学子的使命和责任

校训作为制度体系的一大要素，是办学理念的外显，是对学校办学传统的高度概括。1992年“建校90周年庆祝大会”上，“英奇匡国，作圣启蒙”被定为温中校训。“英奇匡国，作圣启蒙”择取于校歌，前四字回答了“温中需要培养什么样的人”的问题，后四字则可理解为敦促学生做人生价值引领的“启蒙者”，去开启民智。这一校训阐释了温中百余年文化传统的精神内核，与“为培养具有高尚人格、追求真理的领袖型、创新型人才奠定基础”的育人目标相得益彰，与“知行合一，数诗交融”的办学特色相辅相成。温中学子的精神特质深受校训熏陶，在一批又一批“英奇”学子的共同努力下，温州中学的办学特色更为凸显。如今，校训在温中校园“无处不在”，有景观处即有校训。校训是外显的文化，更是内隐的气质。

二、温州中学“三个摇篮”校史文化源远流长

北宋皇祐年间（1049—1053），王开祖讲学于华盖山，创建温州第一所书院，史称东山书院。几经兴废，乾隆二十二年（1757）官府复兴东山书院，兴建中山书院新舍。1902 年，国学大师、教育家孙诒让商请有关人士将温州府属中山书院改为温州府学堂，即温州中学创校之始。百廿历史，文化寻根，学校将核心文化凝练为“三个摇篮”，即“红色革命的摇篮”“数学家的摇篮”“未来科学家的摇篮”。

（一）红色革命的摇篮

在中国抗御外敌入侵、反抗民族压迫和阶级压迫的艰苦卓绝的斗争中，温州中学孕育了一批走在时代前列的学子，成为浙南地区民主思想和革命火种传播的重要基地。据现有材料统计，至少有 260 名校友参加了共产党领导的革命队伍，其中在校时即参加共产党的有 70 多人。在革命和建设中，谢文锦、金贯真、郑恻尘、蔡雄等 40 多人壮烈牺牲，学生参加革命队伍、在校入党及牺牲人数之多，居浙南地区各校之首。

（二）数学家的摇篮

温州系“数学家故乡”，温州中学素有“全国数学家的摇篮”之称，温

中毕业生中担任过国内外知名大学数学系主任或数学研究所所长的有近30位，苏步青、谷超豪、杨忠道等院士均系学校校友。近年来，学校先后成为北京大学数学后备人才培养基地学校和浙江省（数学）学科基地培育学校，在校学生多次获得国际竞赛、国内各个数学竞赛奖项，学校学生欧阳泽轩荣获第59届国际数学奥林匹克竞赛金牌；叶立早等三位同学荣获首届丘成桐中学数学奖金牌。2021年，北京大学“数学英才班”、清华大学“数学领军计划”相继公布入选名单，温州中学三位高二学生——金晟治、叶飞越和李国京，成功入围，其中金晟治还同时入围阿里巴巴全球数学竞赛决赛。来自全国各地及新加坡的550多名学生参加了2021年中国数学奥林匹克竞赛（决赛）暨第37届全国中学生数学冬令营，温州中学数学竞赛团队延续了几年来的上升势头，在赛事中取得2金2银的好成绩，其中高三学生李昌林获得金牌，潘奕成、金翊涵获得银牌。来自高一的学生刘谨畅以总分117分，全国第九名的成绩获得金牌并进入国家集训队，这也是温州中学历史上第一个高一即进入国家集训队的学生。数学之光，异样璀璨。

（三）未来科学家的摇篮

温州中学创校以来，为各行各业输送了各式创新人才，学校走出了16位院士，科学领军成绩辉煌。2020年学校被评为首批浙江省现代化学校，数学组、信息组等多个教研组被评为浙江省优秀教研组，科学创新人才培养成绩位居全省前列。在第一届全国中学生地球科学竞赛总决赛中取得了两金一铜佳绩；国际太空城市设计大赛中国区总决赛中，高三的曹源原同学一举夺得全国总冠军。由国家航天局、联合国附属空间科学与技术教育亚太区域中心主办的首届未来太空学者大会上，学校代表队在总决赛中获得亚军。

立德树人，为培养新时代创新人才和未来科学家，学校紧密依托浙江省学术高中和未来教育窗口示范校建设，秉持“为培养具有高尚人格、追求真理的领袖型、创新型人才奠定基础”的育人目标，高扬“强国有我”的时代强音，培养未来科学家，建设面向世界的创新人才摇篮。

三、温州中学“三个摇篮”文化育人的构想

（一）文化育人核心理念体系构建的探索

在凝练“三个摇篮”核心文化的基础上，学校构建校园文化顶层设计思路，将核心文化、学校精神、办学理念、校训、教师与学生核心素养、办学特色、办学目标有机结合，形成系统的校园文化体系。

（二）文化育人景观设计体系的探索

在挖掘校史内涵与要素的基础上，学校与浙江大学建筑设计院展开密切合作，提取“一源六址三摇篮”作为核心设计要素设计校园景观。一源：温州中学与温州地区千年官学——东山书院、中山书院一脉相承。六址：

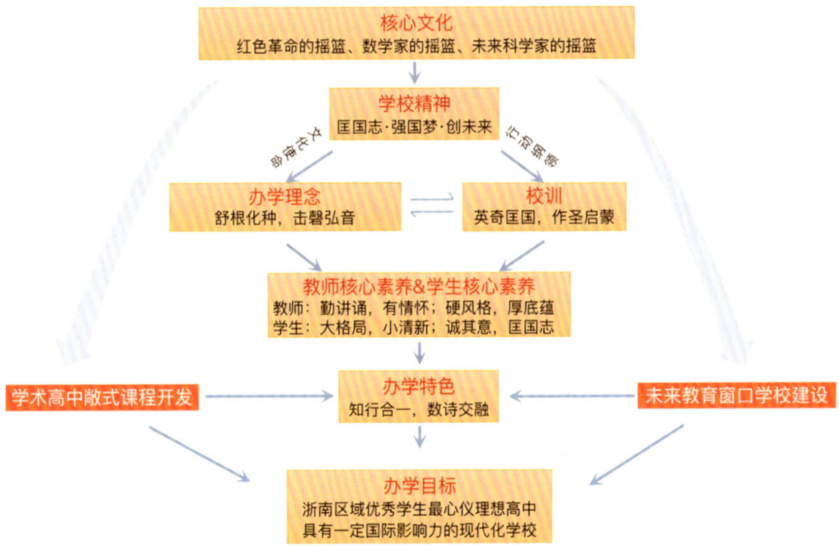

温州中学校园文化顶层设计思路

中山书院·仓桥校区（1902—1962）、道司前校区（1923—1965）、青田水南临时校址（1939—1944）、南田/江口临时校址（1944—1945）、九山校区（1965—2002）、三垟湿地校区（2002年至今）。校园景观以“承·温中文化”“取·浙南元素”“融·校园生活”“刻·百廿记忆”“迎·校友回访”为设计理念，打造文化校园、文明校园、绿色校园，从校史文化出发诠释温州中学文化场景，唤起一代代温中人的集体记忆和认同感、归属感。

温州中学校园文化育人场景设计方案（部分）

（三）文化育人的课程开发实践

进入21世纪后，温州中学“敞式”课程建设走在浙江省课程改革和发展的前列，其中《高中新课程选修模块走班制教学与管理的研究》获

2012 年浙江省第四届基础教育教学成果二等奖；“‘敞开 敞亮’：普通高中特色课程群的架构与实施”“浙江省 W 中学基于‘愿景 执行力’的高中生涯规划辅导课程开发与实施”“‘课程、空间、活动’三位一体的创客教育实践研究”三项课题分获 2016 年浙江省基础教育教学成果一、二等奖。在 21 世纪课程开发 1.0 阶段，学校立足于学科教学、课程改革，增强学生的学科素养。近几年，温州中学立足校史开发设计《籀园弘音党建读本》《籀园清风校史读本》等，在拓展校园文化认识的基础上，凝固、传承学校办学精神，实现从“1.0 学科育人”到“2.0 文化育人”的转变。

从校园文化出发，不断守望、回顾它所体现的当代价值，不仅仅是对每一位温中师生自我价值的再认，更多的是借文化这条凝结着历史与底蕴的缆绳，把生生不息的活力注入温中未来发展的长河，成就别具一格的百廿温中。

吴军 2022.8.16

目　录

第二部分 长相忆·家事情深

第三部分　探风物·山海瓯越

第一部分

回首望
校史峥嵘

激荡与共振：朱自清与金嵘轩的1923—1924

温州中学 2022 届　林奕成

当河流被道路掩埋，水田被大厦占用，江南水乡文明的成果逐渐湮没于工业浪潮之中，附着其上的人文精神与价值关怀逐渐消逝。所幸我的学校——浙江省温州中学，这所浙南学生向往的“学之圣地”，仍荫蔽于三垟湿地深处，保留着水乡风貌，恪守着传承瓯越历史和文化道统的使命。从 1902 年国学大师孙诒让先生创办学校开始，温州中学始终秉持自强之信念，坚守中华文化之立场，奔涌于近代潮流之中。在学校 120 年历史中，名师、名校长云集，其中执牛耳者非朱自清与金嵘轩莫属。

一、金嵘轩：千万丈的大厦总要有片奠基石

我相信人道主义及理性主义的中国传统，并未被毁灭，且在所有情形下不能被毁灭。

——胡适

金嵘轩 1887 年生于水乡林垟。那里曾是浙南飞云江畔的重镇名村。金嵘轩幼年失去父母之爱，与兄弟六人寄养在亲族之中。一个人在怎样的环境中成长，决定了他一生面对逆境的姿态。多灾多难的童年塑造了他刚毅坚韧的品格，对人间疾苦的体验更让他有“仁民爱物”“经时济世”的情怀和责任感。家乡先贤、启蒙教师金晦在金嵘轩幼小的心中种下了“对佛老的爱好和对现状不满的情绪”，也种下了追求进步、学习先进的信念。金嵘轩接受“理化源流彻，文明征兆萌，同胞拯水火，慎勿恋丘园”的主张，在 19 岁时踏上东渡日本的求学之路，先后进入东亚日语预备学校、弘文书院、东京高等师范学院学习。

在日本，金嵘轩目睹了“欧化”后社会翻天覆地的变化，在较为自由的空气中重新审视中国国民性的弱点和革命的意义，毅然加入中国同盟会，剪辫明志。

与此同时，章太炎刚刚抵日，在东京留学生中宣传革命和国学。金嵘轩成为章太炎的“粉丝”，每周日章太炎在哪里讲学，金嵘轩就追随到哪里。章太炎提出的“用国粹激动种性，增进爱国的热肠”，让充满理想主义激情和建设祖国热望的金嵘轩久久难以平静。他成为章太炎的学生，聆听老师

讲《说文解字》《尔雅义疏》等文字音韵和诸子百家、训诂考据等学问，文化造诣日益精进。

章太炎认定改革中国的道路的中心点是“激扬人的精神”。在日本，金嵘轩深受近代西方思潮的影响，深刻体会到个人之于近代民族国家的意义，认识到中国最大的病根在于“一盘散沙”，因而金嵘轩把培养国民精神作为撬动中国社会改革的杠杆。后来他写文章指出：“要知国家的实力，存于国民身上。养成国民的基础即在于要使国民健康，求其普遍，求其彻底，这至少是救中国目前的重大问题之一。”①

这一时期，金嵘轩大量购置西方近代教育学书籍，钻研西方国家的教育理论，同时学习日本富有民族特色的教育理念，为未来从事教育工作夯实基础。

1921 年，漂泊游子终于踏上故土。金嵘轩在东瀛度过了多感的青年岁月，但也换来了健全人格、进步思想、勤勉作风、家国情怀。中华文化和近代思潮在其身上交织，在他的生命里烙上深刻印记。他知忠知恕，迎接人生的一次次挑战。

知忠，是不与世苟同。大革命时期省立十中（温州中学前身）的陈适、朱澄等进步学生参与革命运动，参与创办温州学联会，旗帜鲜明地要“打倒列强和封建军阀”，成为军阀的眼中钉。金嵘轩得知军阀打算“除后患”的消息后，在一个喧闹的课间拿着一卷《三字经》叫住陈适和朱澄，把书按到陈适手里，并在他肩上重重一压：“你要的书我找来了，可要用心读啊！”陈适知道自己根本没向金嵘轩借过书，马上领悟肩上的重量意味什

① 金嵘轩：《日本健康教育之设施》，《中华教育界》1932 年第 20 卷第 2 期，第 63 页。

么，之后选择隐蔽地点躲避，他便以这种方式保护了进步学生。

知忠，也是承担社会重任。军阀孙传芳部溃兵进入温州城，杀人放火，奸淫妇女。他们占据省立十中校舍，学校横遭蹂躏。金嵘轩四处借贷，为外地及贫困师生发放路费，自己则带着一位工友留守学校，夜以继日地转移重要图书和仪器。

知恕，则是温和而又宽宏大度。在《瓣香集》中，日文专家郑佑光回忆，他对日语最初只有一些粗浅了解。一日金嵘轩上课时提了一句日语，郑佑光并不知道老师曾在日本留学的经历，当即提出不同看法，让老师有些难堪。但金嵘轩并未生气，只是课下邀请他到办公室，深入浅出地讲解正确的语法和学生常有的误解，并鼓励他多钻研日语，多提出问题。老师的温和、包容给予郑佑光深深的震撼，也激发他深入学习日文的兴趣。

二、朱自清：所过者化，所存者神

在八千多日的匆匆里，除徘徊外，又剩些什么呢？过去的日子如轻烟，被微风吹散了，如薄雾，被初阳蒸融了；我留着些什么痕迹呢？我何曾留着像游丝样的痕迹呢？我赤裸裸来到这世界，转眼间也将赤裸裸回去罢？但不能平的，为什么偏要白白走这一遭啊？

——朱自清：《匆匆》

朱自清（原名自华）1898 年生于江苏海州的一个官宦之家，受着父亲的严格管教。童年时师从扬州老教师李佑青，接受严格的古文训练，成为他日后打通古代、近代新文学体系的宝贵经历。

1917 年朱自华考入北京大学哲学系。北大“兼容并包、思想自由”的学风使其打开新知识的大门。自华决意改名，取屈原《卜居》中“宁廉洁正直以自清乎”中“自清”二字为名；又感到自己性情迟缓，取《韩非子·观行》中“董安于之性缓，故佩弦以自急”中“佩弦”二字为字，警示自己。

大学时期的朱自清是个“不活跃的好学生”。在北大这个风起云涌的新文化运动和五四运动中心，一心想要尽早毕业、为家庭减负的朱自清只是专心读书，对胡适的“西洋哲学史大纲”、杨昌济的“伦理学”等课目认真钻研，从不因学生活动缺课。作为学生的他是满分的，但躲在象牙塔中疏离时代的态度也使他日后在《哪里走》中反省：“我解剖自己，看清我是一个不配革命的人！这小半由于我的性格，大半由于我的素养……我在小资产阶级里活了 30 年，我的情调、嗜好、思想、伦理与行为方式，都是小资产阶级的……”①

1920 年，朱自清提前毕业，来到浙江省立第一师范学校（简称省立一师，今杭州高级中学）开始执教生涯。可学识渊博的好学生并不等同于授课有方的好老师，他的教学常受非议。曾加入湖畔诗社的学生魏金枝回忆：“他完全像个乡下土佬。说话呢，讲的扬州官话，听来不甚好懂，但从上讲台起，便总不断讲到下课为止，好像他在未上课前，早已经将一大堆话，背诵过多少次。又生怕把一分一秒的时间荒废，所以总是结结巴巴地讲。然而由于他略微口吃，那些预备了的话，便不免在喉咙里挤住。于是他讲得更加着急，每每弄得满头大汗。”② 朱自清最初上课并没有注重与学生交流互动，

① 朱自清：《哪里走》，《一般》1928 年第 4 卷第 3 期，第 18 页。

② 魏金枝：《杭州一师时代的朱自清先生》，《文讯》1948 年第 9 卷第 3 期，第 119 页。

只是照本宣科地灌输知识，学生对他的教学颇为抵触。朱自清从此对自己的教学能力产生怀疑，走上了漫漫摸索之路。

受新文化运动影响，1920—1922 年，朱自清接受新文学观，尝试创作新诗。其在诗中表达自我追求光明与美好的执着心曲，例如在《自白》中以“帽子”隐喻外界大气候对自己的压迫，却仍呼告“我昏花的两眼看见了：四周不都是鲜嫩的花开着吗？”[①] 当生命无所适从时，激情却仍在燃烧，精神仍需奔赴。其在诗中抒发对人生之路越走越窄的不满，用钝感、叛逆与不公的境遇抗争。例如他在《旅途》中宣布“我再三说，我倦了，恕我不能上前了”[②]。在诗中他让思想在自我的“跑马场”中自由突奔与驰骋。例如他在《毁灭》中写道：“白云中有我，天风的飘飘，深渊里有我，伏流的滔滔；只在青青的，青青的泥土上，不曾印着浅浅的，隐隐约约的，我的足迹！”[③]

1923 年初，《毁灭》发表，轰动诗坛。带着诗坛盛誉，带着扎实的文学功底和新文学理念，朱自清往南边的温州去了。

三、生命在此激荡：1923—1924

我们在黑暗中并肩而行，走在各自的朝圣路上，无法知道是否在走向同一个圣地，因为我们无法向别人甚至向自己说清心中的圣地究竟是怎样的。然而，同样的朝圣热情使我们相信，也许存在着同一个圣地。

——周国平

① 朱自清：《自白》，《小说月报》1922 年第 13 卷第 6 期，第 76 页。
② 朱自清：《旅路》，《小说月报》1921 年第 12 卷第 8 期，第 21 页。
③ 朱自清：《毁灭》，《小说月报》1923 年第 14 卷第 3 期，第 28 页。

怀着“科学可以救国”“教育可以救国”的心愿回国，金嵘轩来到浙江省立第十中学（简称省立十中）任国文教师兼图书馆主任。他雄心勃勃地投入学校教育工作中，结合留学、实践时的所思所想，提出“国以才强，校以师兴”的主张，要以有智慧的教师去点燃学生的智慧之火。

为寻找优秀教师，他趁着假期拜访商务印书馆编辑、同乡好友周予同，得知“最好的人选”是在台州六师教书的朱自清，便向校委会举荐，邀请朱自清来校。

1923 年 2 月，朱自清应聘来到温州，担任十中国文教师，兼授“公民与科学概论。”同时，金嵘轩升任省立十中师范部主任。在省立十中这个大舞台上，两个灵魂——一个温良，一个孤傲，前所未有地接近。

朱自清初来乍到，又有在省立一师不被学生认同的心理阴影，尽管三年的实践让他的执教能力有极大提升，但难免对授课有些担忧。金嵘轩善解人意，十分认可朱自清的教育理念，在第一堂课上便出面隆重介绍朱自清，全力支持其开展教学工作，勉励学生认真学好国文。这个细节让朱自清难以忘怀，比起其他“将教育看作权势和金钱的阶梯”[①] 的学校管理者，金嵘轩给了朱自清绵长的温暖。

擎着新文化运动火炬而来的朱自清不负厚望，给文言文占据主导的十中带来一缕白话革命的新风。他向学生荐读《新青年》《向导》等新文学杂志，指导学生创办“血波社”等进步社团和读书会；着手教材改革，精选《狂人日记》等大量白话文作品，印成讲义供学生学习；写作白话散文，给同学们作示范……

① 朱自清：《教育的信仰》，《朱自清全集》第 4 卷，江苏教育出版社，1996 年，第 140 页。

朱自清在温州完成了从诗人到散文家的初步转型。这一时期的朱自清在成长。他重新审视散文的价值。散文自由奔放，可以清晰畅快地表达所思所想、所爱所恨，面向大众，雅俗共赏。朱自清的这一变化与其教书经历密不可分。在教学中，学生创作诗歌难度极大，所以朱先生推行白话文，引导学生去创作较简单、通俗的散文，也亲身示范创作散文。一位散文大家呼之欲出。

教育不是注满一桶水，而是点燃一把火。一个人的力量或许渺小，但在教育中栽下一颗观念的种子，等待发芽，往往能彻底改变另一个人的世界。朱自清的学生陈天伦回忆："朱先生来教国文，经常提一个黑色皮包，装满了书，不迟到，不早退，管教严，分数紧……那个时候我们读和写，都是文言文。朱先生一上来，就鼓励我们多读多作白话文。《窗外》《书的自叙》是他出的作文题目，并且要我们自己命题，这在作惯了《小楼听雨记》《说菊》之类文言文后的我们，得了不少思想上和文笔上的解放。"在朱自清的影响下，朱维之、苏渊雷、马星野等人开始崭露头角。

在朱自清为温州带来新文化气息的同时，温州也在塑造着他。在温州这片穷乡僻壤，朱自清目睹了一些闻所未闻的社会黑暗情形。一日，朱自清正与孩子在家中吃饭，妻子走进来，说刚才看见一件奇事：房东姑爷银匠店的伙计花七毛钱买来一个女孩子！孩子面孔黄黑色，衣帽整洁可看，与自己的孩子并没有太大差异。"我们的孩子所以高贵，正因为我们不曾出卖他们。"再一想到这女孩子手无缚鸡之力，未来卖给仁慈的主人做丫头是"不幸中之幸"，而卖给大户人家做妾则空断送了自己的一生。若是被卖到妓院里被"督责着承欢卖笑"的话，悲剧就有可能是终身的了。朱自清愤愤不平，写下文章《生命的价格——七毛钱》，含泪控诉："钱世界里的生命市场存在一日，都是我们孩子的危险！都是我们孩子的侮辱！您有孩子的人呀，想想看，这是谁之罪呢？这是谁之责呢？”经济落后、位置偏僻、民风刁蛮的温州仍有大量人货交易、溺死女婴的落后现象，朱自清在观察中思索，在疏离中评判，软弱的性格开始在潜移默化中发生变化。

金嵘轩则默默关心呵护着学生。在《瓣香集》中朱维之回忆自己从学校毕业后，在上海工作之余喜欢写作，他的短篇小说《玛瑙般的希望》发表在文学杂志上。一天，在人潮涌动的上海北四川路上，金嵘轩竟然在人群中认出自己，还提到小说一事，鼓励其继续写作，让他深受触动。数年后，朱维之要赴日留学，想到金师有留学经历，便写信请教如何办理手续。热心的金嵘轩立即回信，让他把所有用到的证件直接寄来，由自己来办理。不到半个月，金嵘轩就办理好全部手续。金师的热心肠、务实作风让朱维之难以忘怀。朱自清的灵魂指引，金嵘轩的言传身教，给朱维之巨大影响，日后他成为南开大学教授，学贯中西。

王季思则在《瓣香集》中回忆修身课上金师照念“自天子至于庶人，一是皆以修身为本”一段，自己总觉得这是老生常谈，便不以为意。显然自己的神情被金师捕捉到了，课后金师来到他的位置上，循循善诱地讲了一番道理。后来王季思成为中山大学中文系教授，主编《中国文学史》《中国十大古代悲剧集》等，被誉为“岭南文化的最后一颗文化灵魂”，他曾表示自己成就的取得都离不开金师“修身是治国之本”的教诲。

当时十中也有部分学生思想封建保守，他们极力排斥朱自清的教学，甚至组成小团体，使朱自清的教学面临困难。金嵘轩得知后，并没有单纯运用管理者的威严或行政手段去解决问题，而是将自己的儿子金溟若交由朱自清培养，鲜明表达立场。金溟若从小在日本生活，回国后与中文“隔着一条相当深度的沟渠，可望而不可即”。朱自清鼓励并指引他：“文学的运用和艺术的境界是国际性的，所不同的只是使用的符号，即文字的不一，要在这一原则下去领悟自己国家的文学。”[①] 朱自清还特地选择一本古文今译的新书《辛夷集》，讲解了近四个月。金溟若有所领悟，用中文写出第一篇散文《孤人杂记》，还被《时事新报》发表，从此一发不可收，在文坛影响一时。

朱自清在十中任教期间，金嵘轩还邀请这位好友为学校创作校歌，沿用至今：

雁山云影，瓯海潮淙，
看钟灵毓秀，桃李葱茏。
怀籀亭边勤讲诵，
中山精舍坐春风。
英奇匡国，作圣启蒙，
上下古今一治，
东西学艺攸同。

“英奇匡国，作圣启蒙”一句，承载着金嵘轩和朱自清对“英才匡扶国家，作圣贤去启蒙大众”的期望。其在广阔的历史时空中回答了“培养什么样的人”这一问题，既汲取中华文化之涵养，又引进西方之先进学问，以期塑造爱国爱群之公德和造福人群之能力。这八字阐释了学校办学的精神内核，而金嵘轩和朱自清两人的言行则是这句话最好的注脚。

① 夏海豹，等：《守望家山——浙南教育家金嵘轩》，中国书籍出版社，2021 年，第 54 页。

四、漫长的告别：金嵘轩与朱自清的“后会无期”

待顺流而下罢！
空辜负了天生的“我”；
待逆流而上呵，
又惭愧着无力的他。

——朱自清：《转眼》

1923 年 10 月，朱自清在阴沉的暗幕中徘徊许久，终于叩响了金嵘轩家的木板门。

木门“咯吱”一响，彼时的朱自清或许会想到过往“八千多日的匆匆里”自己除徘徊外真的已一无所剩，或许会想到自己“流离转徙，却踏不上净土”，又或许只是大脑一片空白。

木门再“咯吱”一响，满头白发的金嵘轩已经站在那里。这一年金嵘轩才 37 岁，朱自清当然知道好友的白发是怎么回事：全国政局正动荡混乱，北洋军阀虎踞龙盘，各派系火拼争利，财政处于紧张状况，政府根本无教育经费下发给省立十中。而教职员工的薪水发放、日常必需的教学开支、校舍设施的维护修理、图书仪器的购置更换等，样样都需要钱。《浙江教育季刊》上刊出一份《省立第十中学视察报告书》，极陈师范部校舍“工料单薄极不坚固”“栏杆已大半跌落”“墙壁剥落修理困难”，学校窘迫不堪。金嵘轩为学校四处奔波筹措经费，四处碰壁。

朱自清带着全家来到人生地不熟的温州，五口人全靠他的薄薪度日，学校发不出薪水是常有的事。这段穷困潦倒的经历或许成为他一生不堪回首的阴影。朱自清在日记中提到 1939 年与学生周贤模发生冲突，学生辱骂他“就像刘邦登上皇位后，不愿听到自己青年时代的清寒一样”。周贤模对朱自清必定有许多恶毒的咒骂，但唯有这句话被朱自清记录下来，其对朱自清心灵的冲击可想而知。

当月，朱自清刚收到宁波四中和春晖中学的邀请，他可以兼两份工，并能按时拿到薪水，朱自清北上的企望日益清晰强烈。但他深知省立十中在其经济无立锥之地时给以帮助，知晓好友金嵘轩在其碰壁时给予包容和支持，了解金嵘轩对他才华的赏识。他实在不忍心离开，更不忍心在临走前，还要向这位生活拮据的兄长好友借取路费，但人生之路在此时已经越走越窄……朱自清嗫嚅着说明来意后，并最终说出“想借六块银圆”。金嵘轩也理解大环境对朱自清的压迫，仍保持一贯对朱自清的包容，只是沉默着从兜里掏出一把小钥匙，使劲晃开破办公桌一侧被卡住的抽屉，拎起一个满是锈迹的小铁罐，拿出仅有的五块银圆，递与朱自清。

金嵘轩极力挽留，叮嘱朱自清等来年学校经费情况好转后，一定要再回来。朱自清也答应再来，更何况他是只身北上，妻子和孩子都还留在温州。

1924 年 10 月，军阀进入温州城作乱，朱自清赶忙回到温州，带走全部家眷。尽管有无限期望，但金嵘轩再未等到朱自清。

五、尾声：狂飙为我从天落

一个像伏尔泰希望的那样栽花种草的人，
感谢人间有音乐的人，
欣喜地发现了一个词语的来源的人，

在城南的一家咖啡馆里默默下棋的两个职员，
在思索用色和造型的陶工，
在诵读某一首颂歌的最后诗节的女人和男人，
抚摸睡着了的动物的人，
为别人或者愿意为别人对自己的伤害辩解的人，
感谢人世间出了个斯蒂文森的人，
宁愿别人有理的人，
所有这些人，他们互不认识，却都在拯救世界。
——博尔赫斯：《正直的人》

1924 年是金嵘轩和朱自清各自人生的转折点，两人的事业都在这一年起步。分别，是从此走向更大的舞台，两人的生命在激烈的变奏中走向新的高峰。

金嵘轩意识到有智慧的教师对教育的重要性，他在省立十中提出“名师兴学，培育良才”的口号，网罗包括夏承焘、杜天縻、刘延陵、马公愚、夏鼐等知名专家学者来校任教。训政时期他赴省教育厅任职，作为朱家骅的重要助手，执笔浙江地方自治专修学校的教育大纲设计方案。该方案确立以农业为主、政法为辅的教育方针，强调务实。外界时局时刻变幻，金嵘轩始终主张爱国情怀。在抗战的烽烟里带领济时中学全体师生共克时艰，推行健康教育，为强国准备强健体魄，并制定“整、齐、勤、朴”的校训，号召师生“一起振作精神，全体团结一致，大家为公努力，随处实事求是”。在解放战争时金嵘轩临危受命，重任温州中学校长，支持学生“反内战、反饥饿、反迫害”的正义民主运动，甚至亲临游行现场保护学生免遭特务伤害。

金嵘轩为浙南乃至浙江的教育事业做出了卓越贡献，是始终热爱真理、坚持进步的温州中学校长，也是浙南重要的教育家，其行为选择、成就取得与之前的人生经历密不可分。

朱自清则成为散文大家，在文坛上声名鹊起，备受瞩目。凭借在温州中学建立起的执教自信，朱先生任教清华园，后任西南联大文学系主任，培养出一批知名学人、文化灵魂。他更成为一个真正的民主战士，所见社会贪腐和所遇民族危亡让他毅然走出象牙塔，逐渐摆脱小资产阶级知识分子的软弱性格，先后写作《执政府前大屠杀记》《血歌》等诗文。在解放战争时期更是写下《论气节》一文，签名抗议美帝扶蒋并拒领美援面粉的宣言，即使在贫困与胃病的折磨中死去，也践行"气是敢作敢为，节是有所不为"[①]的誓言。

回顾两人一生，正如朱自清先生所说："知识分子的道路有两条：一条是帮凶帮闲，向上爬的，封建社会和资本主义社会都有这种人。另一条是向下的。"两位先生无疑均选择了后者。

历史有体温，有呼吸。它微微地叹息，只要你听，它就在那里，如此清晰。当我重新探寻这段历史，才发现它仍是如此生动鲜活。

问题意识是我写作的指南针。在写作中我反复叩问自己"我有感兴趣的问题吗？我有好的问题吗？前人是如何阐释这个问题的？我是如何阐释这个问题的？……"围绕诸如"金嵘轩为什么会邀请朱自清来校""早年日本留学经历带给金嵘轩怎样的生命烙印""来温州前后的朱自清正处于

① 朱自清：《论气节》，《知识与生活（北平）》1947 年第 2 卷，第 17 页。

什么样的人生阶段”“朱自清为什么会完成从写诗到写散文的转变”之类问题。我尝试探究，并将探究成果融汇在写作之中。

优质材料是写作的压舱石。面对两个已经有些遥远的人物，材料的收集和选择是我面临的一大难点。我精读了一本金嵘轩传记和两本朱自清传记，对人物有了初步的了解。但仅到这一步远远不足以写出一篇“双雄记”。以三本传记为基，我确定了要寻找的关键史料，进一步到温州市图书馆、市档案局、上海市图书馆电子报刊期刊史库搜集金嵘轩、朱自清、温州中学的文史档案和资料，并重新解剖传记内容，审视其真实性和可信性，之后选择最能反映历史真实的材料来充实文章。本文所用材料宁愿牺牲文学性、艺术性，也要保证真实性、科学性，我相信做到后点，作品自然有穿透人心的力量。

逻辑常识是我写作的舵桨。当提出若干个问题、找到大量文史资料后，我开始尝试构建文章，不断尝试去阐释一个又一个问题，不断反诘自己的解释，是否逻辑自洽。或许一小时也没能打磨完一个问题，但这种尝试、创造、推敲、审视、直面的过程却是我喜欢的。直到完成整篇文章的写作，我仍久久难以平静。

家国情怀是我写作的灯塔。家国情怀，温中气质。无论是金嵘轩还是朱自清，一代又一代温中人用自己的实际行动践行“英奇匡国，作圣启蒙”的校训。在写作过程中，我着重去感受人物身上的道义和责任，“道之将废也，文不在兹乎”。

然而，写作并非一帆风顺。要将两个人物的人生经历融合在一起，并做一些较深层次的探寻，绝非简单地读一些书、看一些材料，再堆砌文藻那么简单。背后的思考过程是一个让人挣扎的过程。尤其当不同原始材料的时间线引领我去想象自己置身于1923—1924年那个特定的时空之中，才发现历史时空里的时间不是一条直线，也不是一根线条片段，甚至不是一张平面图：多根线条交织成一件“浮雕”，它有厚度，有深度，有结构。而我要做的是试着分解这件“浮雕”，再搭建我自己的“浮雕”，背后的艰辛难以言表。历经两个月对资料全方位的解读、判断、选择才有最终的吐纳。但动笔之前，沉没的思考越多，越对自己是否有能力完成这篇文章和自己是否能把想法表达清楚产生怀疑和动摇，最后只是“不问收获，但问耕耘”，去提出一个问题，去解释一个问题，完成一个又一个段落，在不安中写完整篇文章。

最后，谨以本文，献给即将迎来120周年华诞的浙江省温州中学。

佩弦自清
——朱自清先生在温州

温州中学 2020 届　陈智坚

入学伊始，就被校内一尊雕像吸引。其上有着橘子、牛奶等众多“贡品”。后来得知，这是学子们在初入学抑或考前进行的一种独属温州中学的仪式——致敬朱自清先生。

高中前，对于朱自清先生，除了语文课本、课外读物上的隽永美文和气节故事中的不领美国救济粮外，我几乎一无所知。可以说，是在温州中学的学习历程中，我才慢慢了解到这个名字后蕴含的一段波澜壮阔的人生，一个明亮而不耀眼的灵魂，进而更加钦佩他的才情和人格。

一、释名

朱自清，原名自华，字佩弦。由于家境渐趋困窘，无法按部就班完成6年的预科加本科的学业，朱先生在预科第二年便毅然跳级报考本科，成功被录取。为激励自己，他改名为自清，表明自己甘于清贫，即使身处困境，也不丧气灰心。佩弦这个字，出自《韩非子·观行》："西门豹性急，故佩韦以自缓；董安于之性缓，故佩弦以自急。"朱先生平素性格温和，温润如玉，取此名，意即鞭策、勉励自己在大是大非前不能稍懈原则。先生后来在新民主主义革命中对美救济粮和民主制度等问题果断坚守原则的义举正是这一志愿的具体反映。

本文在此对其名另取他意。其实，温州这一段经历，在朱先生早、中期的人生经历、文学创作和思想转变中有着重要的影响。在这里，朱先生佩其弦，策其身，于人杰地灵中进一步觅得生命的曙光，于彷徨踯躅中渐流向社会的基层[①]，渐明其路，自清其道。

二、辛勤教学到中山

在来到雁山云影的温州前，朱先生已经踏上杏坛。

---

① 陈博凯：《由朱自清的浙江彷徨岁月管窥新文化青年的道路选择》，《云梦学刊》2015年第6期，第43页。

1920 年，朱自清从北大哲学系毕业，学业有成。1920 年 8 月，朱自清由北大校长蒋梦麟推荐，踌躇满志，携眷前往浙江第一师范学校任教；1921 年就任吴淞中国公学国文教员，怎料，不久，公学风潮乍涌，先生只好转道上海，中国公学风潮结束后又到浙江一师教书；1922 年初春，朱先生前往台州浙江省第六师范学校任教。这些教学经历，让朱先生从刚开始不谙教学之道的结巴脸红到逐渐探寻出自己的教学风格，也为他后来到温州浙江省立第十中学教书奠定了基础。

1923 年 2 月，经好友瑞安周予同介绍，经十中教师金嵘轩提议，朱自清应浙江省第十中学校、第十师范学校之聘，第一次来到了温州。金嵘轩先生在温州中学的历史上写下了极度厚重的一笔。在军阀混战的动荡时局，为践行教育救国，他决然卖掉田地，毁家助校，举世同倾。他也格外注重师资力量，夏承焘、马公愚、夏鼐等名师皆由其慧眼发掘聘请。朱先生也是其中的一位。

三、迁徙徘徊终定居

下午赵栢卿来访，由正门出，见塔，说："'仰首欲攀低首拜，长干一塔一诗人'，此二语可以奉赠。"我甚喜此二语，但并非因赠我而喜。

——1924 年 8 月 19 日日记

朱先生对于温州应当是陌生的。

人对于陌生的事物，总会有一番畏葸。何况朱先生一路辗转流离，若雨打浮萍，风刮飘絮。

他到温州后，先住在离十中、十师都较近的大士门。大士门是450年前明代嘉靖皇帝的重臣、内阁首府，人称“张阁老”张璁的旧府。朱先生住在此处，恰衬其风雅。

可他怎会想到——方才安定下来几天，仿佛幻梦般的，大士门就被火舌席卷，燃天铄地。

几百年的历史，在他的眼前毁于一旦。他看着砖瓦落下，星火漫天；他听着阴风肆虐，府邸哀嚎。

他心中不由叹息，但这又何济于事呢？只能另寻住处。

又是“迁”。这个词，朱先生在南方的几年里，出现频率何等之高。然而恐怕都没有这次这么惊惧、迅速。

终于，他迁至朔门四营堂三十四号王宅屋。所幸，在那里，他安定下来，一直住到第二年秋全家离开温州为止。

王宅屋是一座有围墙的老式两进平房，前后有院子。朱先生住在靠近大门的两间厢房。外间住家属，内间前半阁作书房，内饰古雅，极符其文人气质。后半间作灶房。厢房外，有花墙将大院隔开，自成小庭院，中有修竹数株，小塘一方，环境清幽。就是在这儿，朱自清与夫人武钟谦鹣鲽情深，享受着南方水乡的宁静。

步出小院，就是寿生塔。十米高的塔身，成为一道亮丽的风景。飞檐翼然，佛龛列放。朱先生闲暇之时，就来看看这座塔。

他漂泊得太久了！他还不是后来那个饱经风霜、坚定执着的民主战士，当时的他，只是一个茫然地落脚温州的养家糊口的青年。清贫的生活固然淬炼了他的精神心志，不过渐臻完美的卵石在水的歌舞中也会留下伤痕。

如此一方清净去处，怎不令人流连忘返？

幽情虽妙，生活同时还是要走出四营堂巷。朔门横街基本上都是咸货店，鱼咸味满街，朱先生有时要掩鼻快步走过。[1] 外面一旁是望江码头。这不是高阔人惯住的地方，没有深宅豪屋。每天都可以看到帆船停泊在码头边，载着货物和搬运工的希望。引车卖浆之流，布衣蔬食之辈，依靠体力劳动为生，在温饱线上挣扎。

朱先生看到这些，会怎么想呢？

他的自我认知之路，在每天的上下班，观社会群像、流连他乡宁静之乐的矛盾中逐渐延展开来。

四、踪迹书成传世间

朦胧的岂独月呢；岂独鸟呢？但是，咫尺天涯，教我如何耐得？

——朱自清：《月朦胧，鸟朦胧，帘卷海棠红》

寄情山水是中国古代士大夫的传统。

朱先生幼时在扬州度过。先祖、先父均担任官职。父辈日常的谆谆教诲、士大夫家族的熏陶、私塾先生的启蒙，使他逐渐形成“整饬而温和、庄重而矜持”的文人气质，自然对山水有着赤子般的热忱。

高山流水，幸甚至哉！

他遇上了怀有同样热情的马氏兄弟。

马家是温州书画望族。朱先生来校之际，孟容先生正与其弟马公愚先

① 朱自清给马公愚信中说：“温州之山清水秀，人物俊逸，均为弟所心系。唯弟不喜鱼咸，偶思及辄掩鼻耳。”资料来源于朱自清旧居（温州市级文物保护单位，浙江省温州市鹿城区四营堂巷50号）。

生在温中任教。孟容先生任数、理及图画教员，公愚先生任国文教员。三位先生虽然教授的科目、专精的艺术不尽相同，但对于艺术的热爱，以及日常生活中相互的关照让他们并肩走在同一条路上。

他们结伴出游，陶醉于自然；他们互相交流，沉溺于艺术。

孟容先生曾按朱先生所癖好的皎洁幽静的月夜和燃媚玲珑的海棠为主题作画。朱先生细细端详此画，他看到了自己平时渴望的东西：那是真正的静谧，那是一个从未真正安定下来的人的终极夙愿。他闭上眼睛，想着月光如水流淌，海棠媲媚，鸟儿未眠，这是一种不可企及的妩媚，他醉了。之后，《月朦胧，鸟朦胧，帘卷海棠红》问世。

公愚先生曾陪伴朱先生游梅雨潭，见证传世美文《绿》在飞珠溅玉中诞生。

朱先生还十分受学生敬佩爱戴，他时常邀请学生一起游览温州。他们亦师亦友，融洽和谐。

妙果寺的猪头钟、江心屿的古井、白水漈的飞泉，回荡着欢声笑语。朱先生看到了温州的钟灵毓秀，领略了她的魅力，料温州见他应如是。

然而，愚以为，客观上讲，朱先生此时虽然没有后来《荷塘月色》中“这几天心里颇不宁静”的表现，可在畅游山水美景之余，他的心情并不是毫无忧虑。一是当时时局逐渐动荡，学校到后来甚至不能给教员按时发放工资，必要的物资供给难以保障；二是朱自清幼时曾受中国传统教育，受安土重迁思想影响，从他频繁换校教书的情况来看，他内心有对频繁漂泊了无定更生活的不安是很正常的；三是朱自清虽然是春晖中学风波后才如此直白地指出生厌倦教育之心①，不过过往的历史经验都反映出历史是一

① 朱平珍：《讲台上的朱自清》，《云梦学刊》2010 年第 3 期，第 102 页。

个逐渐演进的过程，历经中国公学风潮，朱自清在此时就生发出对自己职业到底是否有意义的质询和追问，也就是说，哲学的学习经历让他早早就对自己的生命意义发出来自灵魂深处的叩问，“此外无非是教书，卖文，尽于此矣，无他道也”！从上述先生散文中某些偏向朦胧、消极的修辞语言中也可见端倪。

在留下温州的踪迹的过程中，朱先生的审美体验在丰富，他的感情变化也在总体积极中略微浮现出消极之态。

五、春风送暖化愚顽

雁山云影，瓯海潮淙。看钟灵毓秀，桃李葱茏。怀籀亭边勤讲诵，中山精舍坐春风。英奇匡国，作圣启蒙。上下古今一冶，东西学艺攸同。

——浙江省立第十中学校歌（1923 年朱自清作词）

提起朱自清，温州中学人的第一反应除了那尊目光穿透历史间隔的雕像，就是那首雕刻在精致木板上、回荡在三垟湿地湖畔的校歌。不少老校友提及校歌，泪水常会打湿眼眶。校歌中的“英奇匡国，作圣启蒙”一句，已成为温州中学校训，激励着一代代温州中学人为着学校设定的“创新型、领袖型人才”教育目标前进。

朱先生将自己对教育的全部憧憬、热忱、理想都灌注到这首校歌之中。那么，在写作这首校歌之前，朱先生遇到的是什么呢？

那是个风雨如晦、山河飘零的年代。五四之后，假装迎接新潮，“蝇营狗苟，谄媚官绅者流”“凭借官绅势力，不学无术的鄙夫”[①]也可凭卑劣的手段获得所谓的“教育家”地位。朱先生“我流离转徙，我流离转徙……”[②]，见过了多少学校教习人员；看尽了各种把教育当作“三等县知事”[③]来做，将其视作一种满足私欲的手段的现象。对此，他痛心疾首，直言：“校长教师们既将教育看作权势和金钱的阶梯，学生们自然也将教育看作取得资格的阶梯；于是彼此都披了“教育”的皮，在变自己的戏法！戏法变得无论巧妙与笨拙，教育的价值却已丝毫不存在！”[④]他在来到十中前，看尽了太多将教育浇上铜臭味的行为，他时常感到心寒，“如我们这种文丐，不作教书匠，又作什么？”

然而，值得我们敬佩的是，虽然中途肯定有过徘徊踟蹰，最终朱先生并没有被砭骨的冷冽冻僵至麻木沉沦，而是在这种环境下化为一团熊熊燃烧的烈火，点亮教育者应有的良知和关怀。

所有先生的学生，都应该记得那一幕：一个矮矮胖胖、浓眉平额的先生走上讲台。

虽然没有雄辩之口才，没有时髦的穿着，可他们都愿意仔细聆听这位先生的教诲。因为他们知道，在那略显羞赧的外表背后，是一颗赤子之心，是认真，是负责，是热情。

学生们被打动了。一棵树落下了叶子，摇动了满园的芽。

学生朱维之回忆：“他一到温州，温中（包括中学部和师范部）各年级

---

① 见《教育的信仰》，《春晖》1924年第34期。

② 朱自清：《毁灭》，《小说月报》1923年第14卷第3期，第28页。

③ 见《教育的信仰》一文。

④ 见《教育的信仰》一文。

学生都急着要求他教课，他只得尽可能多担任些，奔波于两部之间。但他不因课多而敷衍，每每拭汗上讲台，发下许多讲义，认真讲解。我们坐在讲台下面，望着他那丰满而凸出的脑袋，听他流水般滔滔不绝的声调，大有高山仰止之慨。”①

那么这种“课多”，究竟是多么地频繁呢？因温州中学当时相关的排课资料残缺，笔者只能以距离较近的1936年的课表②做比照，如表1所示。

表1 1936年温州十中初高中课程设置（节录）

学年	初一	初二	初三	高一	高二	高三
课时数（国文）	6	5	5	5	5	5
合计	32	31	31	32	29（理） 26（文）	27（理） 24（文）

以“各年级学生”及国文的实际节数和比例来看，朱先生肩负的压力和责任，可谓相当大了。不过，就是在这种重压下，朱先生还是做到了“不迟到，不早退。管教严，分数紧，课外另有作业，不能误期，不能敷衍”，恪尽职守。即使繁忙的生活让他如学生黄幻中在《温中教学漫忆》中所言“批改作业，改得甚少”，但他还是做到了“评语都一针见血，恰到好处”。

灯光摇曳，朱先生的笔也摇曳。

此时的朱先生，在忙碌之余，应当是快慰的。从1923年下半年到1924

① 朱维之：《佩弦先生在温州》（未刊），转引自季镇淮《朱自清先生年谱》。

② 1936年，教育改革，初中减负，周课由35—36学时减为31—32学时。同时，国文课在所有功课科目中占比最大。参见温州中学百年校庆筹委会编：《温中百年》（内部资料），2002年，第5页。

年下半年，朱自清几乎未就中等教育的问题再展开讨论，给人的印象似乎是他已同中学教师这职业达成了和解。

让朱先生重拾教育快乐，在迷惘路途上觅得曙光的，除了这群热心勤恳的学生们，还有许多优秀的教师朋友的影响。譬如他的挚友马氏兄弟，他们给了朱先生心灵上相当的慰藉。

再比如一代数学名师陈叔平先生，二人时有来往。[①] 陈先生“能够把枯燥无味而被学生们视为畏途的数学，讲解得趣味无穷”，曾教出苏步青、谷超豪、杨忠道等著名数学家。无疑，与这种名师交流，让朱先生对于教育有了新的希望。

此外，激励和宽慰朱先生的好友，还有金嵘轩先生、张棡先生等。

因此，我们有理由相信，温州的这些俊逸人物促进朱自清先生执着地探寻自己的教学之路，让他对于教育有了更加深刻的认识和体会。这些体会，一部分体现在朱先生“大气——一种乌托邦式的教育理念”的十中校歌里，另外的部分积淀下来涌成深泉，汇聚成朱自清在教育方面的杰作《教育的信仰》一文[②]。

朱自清先生以“人格教育”为核心的教育思想的发展，也与这一段教学时光脱不了干系。这一思想长期影响着他的教育行为，成为他教育思想的核心，一直贯穿在他的教育实践活动中。

教育的信仰之光，逐渐地照亮了一个彷徨的灵魂。

---

① 朱自清日记中曾多次出现过陈先生的名字（日记中的“陈舜平”即为陈叔平）。资料来源于朱自清旧居。

② 这篇文章刊登在《春晖》第 34 期上，发表于 1924 年 10 月 16 日，即朱自清先生离开温州后不久。

六、重燃薪火复灼灼

已故的刘大白先生曾对人说我的小诗太费力，实在是确切的评语，但正是一个国文教师本来的面目。后来丢开诗，只写些散文；散文对于自己似乎比较合宜些，所以写得也多些。……这和诗有相通的地方，又不需要小说的谨言的结构，写起来似乎自由些。

——朱自清:《写作杂谈》

1915 年，新文化运动拉开序幕。1919 年，五四浪潮席卷全国，这场毫不妥协的反帝反封建运动彻底地拨动了朱先生命运中的那根弦。他参加了五四示威游行，继而开始进行新文学创作。在之后的几年内，他写了《毁灭》《光明》《煤》等新诗，发表了《匆匆》这篇和“刹那主义”关系紧密的文章，并加入了文学研究会、晨光社等先进文学组织，享有很高声誉，以至学生们“在未开学之前，在新教员名单上看见‘朱自清’三字便手舞足蹈起来，快活得不敢信以为真”。

在温州时期，朱先生的文学创作更上高峰。他新诗上的万丈光焰，渐渐转向了散文创作。尤令后人敬仰钦慕的是，他的文学之薪并未渐熄沉寂，而是更加明亮耀眼，灼灼其华，灿若蒸霞。

朱自清先生在温州当然也写新诗。苏渊雷、朱维之等温州新诗代表人物都是他的学生。他极大地推动了温州新诗运动的发展。他还写了《笑的历史》这样的颇富意味的小说，但在他自己看来，即“只是庸俗主义的东西，材料的拥挤，像一个大肚皮的掌柜”[①]。

之前，朱自清先生虽也写出了《匆匆》这类华章，但这类文章文体还是夹在散文和诗歌之间的散文诗。朱先生散文真正的丰收期，还是在温州。

确实如此，此时朱先生发表的散文即可为证：与俞平伯同题共写的《桨声灯影里的秦淮河》，以哀婉清丽的语言，抒写让人难以忘怀的秦淮风景和人情事件，“从平凡常见的境界中显出新颖的发现，在文章构思中显出惊警的思想，取得了很高的艺术成就，可以当成是五四散文创作的成功的标本”[②]，得到了沈从文先生“最有文学意味。文章笔墨变化多端，有典雅的诗化语言，也有浓艳的语句”的高度评价；《绿》《月朦胧，鸟朦胧，帘卷海棠红》《白水漈》《生命的价格——七毛钱》合成的《温州的踪迹》一文，更是以清新优美的语言、真挚动人的情感、绝佳的生命体验，沁入无数人柔软的心田，成为温州人的骄傲。

除了个人创作，朱自清先生还致力于推动白话文的发展。新文化运动、五四运动发生虽已有一段时间，但当时中学课堂上文言文仍占绝对主导地位。朱自清先生敢为人先，综合各种途径，将白话文的教学引入课堂，鼓励学生使用白话文创作，引发轰动。

朱先生在校期间担任了宏文社、醒狮社、血波社的指导教师。为了中国新文学的未来，朱先生毅然搁置了自己的诗歌创作，悉心指导文学青年阅读《新青年》《向导》等进步书刊，创办《照胆报》。

---

① 朱自清：《背影·序》，《朱自清序跋集》第二章，苏州古吴轩出版社有限公司，2017年。

② 向迅：《〈桨声灯影里的秦淮河〉美学特征浅议》，《阅读与写作》2006年第7期，第19页。

朱先生对于自己在传播新文化，继往开来的使命定位在这些行为中得到了充分体现，也让他对于自己事业的价值更加坚定。将教学和文艺创作结合，真正踏上大道，起而行之，不亦乐乎？

值得关注的是，朱先生在为新文化运动扛大纛的同时，也保持着清醒，没有落入形式主义偏向。在肯定白话文、外国文学的同时，朱先生没有不加评判地否定本国一切旧文学，这由他同时兼顾文言文教学、和同事好友张棡先生作旧体七律互赠可知。温中校歌中的“上下古今一冶，东西学艺攸同”，也是朱先生这一思想的体现。朱先生在温州这段时间对“古为今用，洋为中用，继承是为了创新的教学理念”雏形的思考和实践，也为他后来在清华大学中文系和杨振声先生商议出的“注重新旧文学的贯通与中外文化的融合”[①] 的教学方针奠定了基础。

七、柔肠义胆萦九回

朱自清我说我受了道德律的压迫，拒绝了她们；心里似乎很抱歉的。这所谓抱歉，一面对于她们，一面对于我自己。

不过我的社会感性是很敏锐的；我的思力能拆穿道德律的西洋镜，而我的感情却终于被它压服着。

—朱自清：《桨声灯影里的秦淮河》

朱先生在温州居住的朔门四营堂巷，地处码头边。在当时的温州，实在难说是中心地带。因此，他每日往返学校途中，目睹的不是上流人物的谈笑

① 朱平珍：《讲台上的朱自清》，《云梦学刊》2010 年第 3 期，第 107 页。

风生，而是下层劳动人民在饥饱上苦苦挣扎，再加之他自己本身生活清苦，备尝艰辛，可以肯定他的思想上必定受到很大的影响和改变。给他震撼最大的就是那个七毛钱的可怜生命。

朱先生爽然自失了——他难以理解和强烈批判，为什么，一个活生生的人，要被摆到货架上，要被挂到天平上与金钱相较。他在文章中提出自己的看法："我看了几眼，觉得和我们的孩子也没有什么差异；我看不出她的低贱的生命的符记。""看看阿九和阿菜，始终觉得和那个女孩没有什么不同。"从中可看出，他并没有因自己是"象征资本"的"五四一代"而生出什么优越之感，而是表现出愿与平民为伍的民主主义立场。正如陈竹隐女士在《忆佩弦》中回忆"这使他对半殖民地旧中国人民的苦难有较深切的感受……他始终是同情广大受压迫、受屈辱的人民"所道。这也是朱先生从北京中心上层流动到社会基层，打开生活的另一个维度的重要历程。

朱先生参加了文学研究会，而文学研究会旨在"提倡血与泪的文学，主张文人们必须和时代的呼号相应答，必须敏感着苦难的社会而为之写作"①，这也确切地反映在朱先生的文章上。朱先生的这篇文章，一改他过去温润如玉、中正平和的作风，而是哀切声声，感慨连连。他做到了他的名字所言，佩弦自警，该发声时就为揭示社会弊病发出自己响亮的呼喊。

朱先生在文中还假想了这个女孩今后的命运："她的相貌使她只能做下等的妓女；她的沦落风尘是终生的。"为什么会有这种联想呢？笔者认为应是和《桨声灯影里的秦淮河》中给了朱先生极度矛盾的歌伎有关。

在迷蒙的秦淮河上，朱先生对于拒绝歌伎的听曲邀请，心中百感交集。一方面是道德律、良知正义感的压迫，一方面又是人性情感的天然冲动欲

① 郑振铎：《中国新文学·文学争论集》，河南人民出版社，1985年，第723页。

望，朱先生在抵牾中心神不宁。其实，这本就是一个宏大的人生哲学命题。虽然结果无法得知，可是其中朱先生表现出来的道义感和受传统士大夫文化影响的传统道德观念得到了充分展现。朱自清先生作为一个知识分子，关注歌伎这类底层人民的良知正义的形象深驻人心。

尽管有阴霾阻挠，朱先生自我认知的履迹仍踏在霜雪上，他在曲折的道路上光明地前进着。

1924年二月末三月初，时局愈发动荡，温州十中教学经费极度短缺，难以发放薪水。无奈，为了一家老小的生计，“从很年青的时候……就肩负起了家庭生活的重担”[①]的朱自清先生离开了青山绿水、人物俊逸的温州，去往宁波白马湖畔春晖中学任国文教员。

虽然脚步离去，但朱先生的足迹，永远印刻在这片土地上，感召着各界人士。朱先生对于温州的贡献，温州人对于朱先生的怀念、爱戴和敬意，无需赘言。

笔者反究探寻了温州在朱自清先生人生旅途上的重要影响。从中可知，在温州，朱先生在山水中得到了安适，从师生中发寻了教育的信仰和信心，在传播新文化的同时收获了自己文字的再一升华，在怜悯同情下层劳动人民、批判时局之中逐渐开始正视自己的内心……

温州，是朱先生人生的一处重要驿站。之后，他将要发觉自己的白马湖；之后，他将要邂逅自己的清华园——可以说，在这些为世人传颂的事件中，温州的缩影，一直投射在朱自清先生的心扉。

走在校园同样青葱葳蕤的道路上，阳光使劲地伸出细长的手指，拨开重重翡翠的屏障，终是触及了那尊雕像。风移，光影交织在他的目光中，宛

---

① 陈竹隐：《忆佩弦》，《新文学史料》1978年第1期，第52页

若梵婀铃的琴弦拉出的协奏曲，温润、细腻而富历史的厚重、清明。佩弦，自清。

说实话，在写这篇姑且可以算是论文的文章前，我是有过很长一段时间的犹疑的。担心一模将至，没有时间准备其他科目的复习；担心耐心不够，无法收集到有足够分量的史料；担心自己落入了“致良知”的思维模式，不负责任地为历史涂抹脂粉……但终于，在老师的鼓励下，在父母的支持下，最主要的是，在每天都要走过的朱自清先生的雕像温和而深沉的目光的注视下，我选择了挑战自己。

资料收集是我没有想到的首个问题。本以为，以朱先生在现当代文学史上的影响力，取得史料是一件比较容易实现的事。然而我逐渐认识到历史和现实都不是由我主观臆测所能决定的。朱先生来温中，大约是100年前的事情了。100年来，多少风霜雪雨，戎马劻勷，纸质资料的保存谈何容易。更何况在当时的温中，朱先生并不像后来那样声名远扬，也并没有担任学校较高层面的领导职位，有关他的记载资料自然会稀少一些。加之时局因素，朱先生只在温中待了短短一年，经历相对有限。因此，为了获取资料，我费了不少心思。

谈到朱先生，我的第一个反应就是去他的旧居参观。温州市政府在这一方面做得十分到位，尽力在流逝的光阴中留存珍贵的史料文物。朱先生当年居所的清幽，仍未被时光磨损，看着充满岁月印记而又溢着活力的庭院，我仿佛感受到了朱先生当年居住时的惬然诗意。之后自然就是有关朱先生的介绍，望着古色古香的雕饰和文字，一个下午过去，我载着恬静安乐和史料记录而归。

而后，我和同是写这一题材的王好同学进行一番商议，交流探讨了一下各自的收获和感想，最终约定再一起去学校档案馆获取资料。其中稍有曲折，因技术故障，学校部分储存在老版网页上的珍贵史料暂时无法浏览。后来，我们想到了一个“迂回战术”，即从先前与朱先生在校期间相识的教师学生的资料中寻觅有关朱先生的记载。我们翻阅了有关金嵘轩先生的资料，进行汇总交流。在此诚挚感谢王好同学给予的帮助。此外，我还翻阅了相关的书籍，并上知网搜索有关论文进行参考研究。

之后便是资料整理环节。本以为应该较快能够完成，却花费了相当长的时间。我将资料按照“朱先生来到和离开温州的原因”“朱先生寄情山水”“朱先生在十中的教育”等多个板块进行整理、汇总，并在其中发寻值得挖掘的点，终于决定从温州是朱先生一生中有着相当意义的过渡期这一角度出发，形成本文的基本论点和思路。

接着是写作。写作可以说是最考验人的一个环节。许多时候，我会卡在电脑前许久，纠结着如何写下去。每完成一个部分，我总会回头去检查，看看是否和行文有冲突，或者说有什么可以改进的地方。基本上，放学回来后，我每天尽量要完成一个模块的量，有时要到写到凌晨才基本满意。虽然有时略显辛苦，但在寂静的黑夜中，看着自己的文字一点点织起一个光明温暖灵魂的经历，便觉天光熹微，满足值得。

最后就是交给历史老师指导和修改润色的阶段。在此，我要向方军老师献上最真诚的感激和敬意。方老师不仅在之前的学年里多次鼓励我进行历史写作，还在课堂里和课后以不同的方式从不同角度给了我启发和指导。没有他的辛勤付出，就没有这篇文章的诞生。

由于时间精力所限，我收集的部分资料并没有派上用场，文章组织也并不是特别严谨周密，但它毕竟诞生了。这次经历对我来说十分宝贵。我体验到了众多个“第一次”，也对历史有了更深层次的体会和理解——这些都是在平时的课堂学习和测验中无法得到的。

写这篇文章，我感触最深的一点就是：务求严谨。歌德曾言：“历史家的任务在于区别真实的和虚假的，确定的和不确定的，以及可疑的和不能够接受的。”我实在不能再赞同。无论如何，史学的研究，必定是要建立在事实的基础上的。没有了客观事实作为依托，哪怕推理再完美无瑕，哪怕文辞再准确贴切，历史都难成其为历史。历史不是由我们任意打扮的小姑娘，历史不是我们的脑补——的确，历史不总是要有一副严肃的模样，但它有趣的外在下最深层次的东西应当是确切实在的。因此，我在写作时，尽量让自己去达到这个目标。由此，我也更加佩服历史研究者，他们是以何等求真务实的精神，不敢妄言一句，阅尽漫卷书海，去为人类立传；我也对历史教材有了更深的感悟，编书者是怎样将心血凝结，用寥寥几段就勾勒出波澜壮阔的时代面貌。

——从前不理解，现在确乎是有点明晰了，每个字，每个用词，着实应该去好好记忆、研究。

此外，我还体会到了历史除了必要的事实呈现、分析外，还要有正确而必要的价值判断。“历史不应该仅有消除偏见，它还应该孕育热情。”乔治·屈维廉指出了历史研究者应有的态度。诚然，历史研究要从具体事实出发，但若只是纯粹的叙述抑或是毫无价值取向的纯按事功标准判断，历史对于人类的借鉴、启示作用就被完全掩盖了，历史也就成了不择手段者的遮羞布甚至是纪功柱。若是不怀着历史的热情，我也无法理解朱先生当时的历史选择、内心的纠结和痛苦。不从这个角度看，朱先生当时的内心的波澜，甚至成了无病呻吟、软弱妥协的代名词。我也希望自己在客观的基础上，将热忱注入文字，点亮尘封的往事。

同时，历史要用辩证的方式看待。无论高大还是矮小，无论荣耀还是屈辱，我们都要仔细辨别。我们不能因为朱先生光风霁月、高山仰止的人格，就去否定他因为薪资不够而离开的事实。我们不能因为脑海中的执念或者是意识形态的惯常思维，就要粉饰或丑化。我们在看到太阳光芒万丈的同时，也要看到黑子嵌于其中，与之同样重要的是，我们要客观理性评判哪一种更为重要，也承认另一种存在的事实和影响。我相信，这是一个历史研究者应有的姿态和对人类古老伟大文明的敬重。

今年暑假，我去了清华园，看到了近春园的那片荷塘。菡萏碧波，勾起了我对朱先生的好奇和敬意。现在，有了这篇文章。细思，我在撰写佩弦先生自清其路的时候，自己何尝不也是在自清吾心呢？感谢本次活动，让我有了这样一次不自觉的宝贵机会；感谢温中，熏陶了我的品性，培养了我的能力，给予了我足够的资源，能够探寻历史的隧道；感谢朱先生，是他的文章和事迹，时时激励着我，举起文字的火炬，把握理性和感性之间的平衡点，照亮历史和现实。

谨以此文，献给中国前路上的朱自清先生，愿他也能将这看作是一个温中学子微小的仪式吧。

青年家国情

——校刊中的历史春秋

温州中学2022届　金曈

英国哲人休谟曾说:“历史不仅是知识中很有价值的一部分,而且还打开了通向其他许多部分的门径。”历史源远流长,我喜欢徜徉于浩瀚书海,品味华夏5000年的厚重与磅礴,感受史学的理性与思辨;我也渴望去探寻那些历史亲历者的所思、所想,去了解历史浪潮中的社会风貌。

在阅读《伟大的抗日战争》一文时，一句话引起了我的注意：“从此，抗日战争发展成为有工、农、兵、学、商各界各族人民、各民主党派、抗日团体、社会各阶层爱国人士和海外侨胞共同参加的全民族抗战。”中国的抗战如何实现从“关内外的抗日救亡运动”走向“全民族抗战”？年轻的学子在面对强大的外敌时，他们会如何表达爱国热情？那时的温中学子又在思考什么？……带着这些疑问，我查阅了从1931—1937年的温州中学校刊，希望借助这些学生刊物，去探寻抗日救亡运动时期青年的家国情。

经过分析、整理，笔者发现这一时段的温中校刊可分为1931—1934年、1935—1937年两个阶段。

一、1931至1934年

1931—1934年，温中学子创办了《十中学生》《熠火》《明天》等进步刊物，其中有大量以“青年与国家”为主题的文章（见表1）。

表1　1931—1934年温州中学校刊中以“青年与国家”为主题的文章

年份	刊物	文章	作者
1932	《十中学生》	《中国丝业失败的原因及其补救的方法》	谢文华
		《意志救国论》	叶绿素
		《青年与战争》	谢文华
		《战争和战争的利器》	高载
		《青年的流行病》	飞泉

续表

年份	刊物	文章	作者
1932	《爝火》	《献给爝火（发刊词）》	瑞虹
		《资本主义的解剖》	则林
		《俄罗斯革命时代底下的知识阶级与平民》	九如
		《自由与纪律》	林凯
		《生活的认识》	杨文伟
		《阿毛》	胡鸪鸪
1933	《十中学生》	《民族革命的检讨》	叶璜
		《国难期国人应有的认识》	林凯
1934	《明天》	《青年的话》	玄之
		《“九一八”与“十月十”》	瑞人
		《一个严重的问题》	柳泽萃
	《爝火》	《抗日与救国》	王晋绶

笔者发现，这些文章共同的关键词是“唤醒与革命”。

1931 年，日本关东军制造了震惊中外的九一八事变。自此，抗日战争揭开序幕。中共发表宣言，号召中国工农红军和中国人民“以民族革命战争，驱逐日本帝国主义出中国”；东北爱国军民组织抗日义勇军……然而，国民党当局仍旧采取不抵抗政策。面对这一局面，中国的有识之士痛心疾首，他们已经深切地认识到日本的侵略野心、中国未来局势的艰难以及中国社会革命的必要性与必然性。此时，年轻的温中学子们以校刊为传播载体，交流见解，呼吁革命，以壮大青年力量，向更多人传播革命意识，掀起革命

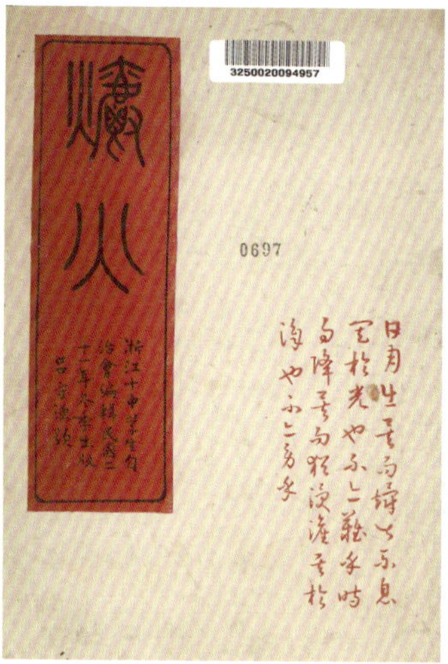

1932 年《爝火》杂志封面
（截图自“温州学”文献总库）

的燎原之火。正如《献给爝火（发刊词）》中所言:“日月出矣，而爝火不息。其于光也，不亦难乎！”[①] 小小火苗汇成火炬，便足以照亮历史的天空。

在这些年轻的编者看来，中国社会变革首先要唤醒青年。“要我们的意志来改造恶劣环境，不要我们的意志被环境所屈服，青年们，努力修养，努力修养，预备着孙总理所说的‘青年要立志做大事，不可立志做大官’！”[②] 身为青年，须具备家国情怀，“天下兴亡，匹夫有责”，提高学识修养，提升革命意识，扩大全局视野，为中国革命献出自己的力量。同样，在《国难期国人应有的认识》一文中，作者从九一八事变讲起，就政府、军人、学生等多角度提出建议，切实为救国寻求佳策；“下药必先治病”，唤醒全民族，上至知识分子，下至平民百姓，中国才有希望。“我们深信，全民族

① 瑞虹:《献给爝火》,《爝火》,1932 第 1 期，发刊词。
② 叶绿素:《意志救国论》,《十中学生》1932 年。

的生命需有全民族的热血为之保障。”[①]

其次，一些作者还利用杂论、小说、散文等文学形式宣传革命思想。在小说《阿毛》中，作者激情呐喊将反对帝国主义与反对本国的封建势力相结合，面对日军的铁蹄、国民党的反动，全体群众的团结革命是最有力的反抗。“只有反抗啊！反抗啊！驱逐一切资本帝国主义！我们最后的目标便是在我们的社会中没有这些豺狼的存在。我们的口号是：一切劳苦的群众联合起来！反对一切剥削的帝国主义！”[②]在《一个严重的问题》中，作者采用“两人对话”的方式，以谈古书为隐喻，批判以甲为代表的畏惧革命、误解革命、逃避革命的一类人，并以乙有力的回击给读者心灵的震撼——“你错了，这种就是所谓‘革命的人生观’，凡是进步的青年，当然是需要这种人生观的。这种人生观的意思大概是这样：因了个人生活只是社会生活的一部分，个人生活的意义就只是为了求整个社会的进化，个人在努力以求达到这个目的时，即使因此毁灭了个人的生活，而人生的目的却已达到了。因为个人虽然已经消灭，而个人的努力却是永远不能消灭的。我们为什么还怕流血呢？一个人是始终要死的啊！”[③]革命是历史的趋向，是青年必须面对的时代课题。青年们无法逃避，也不能逃避，须以最昂扬的斗志，最饱满的热情去回应它，去实现它。那时的温州已容不下一张平静的课桌，整个国家都即将陷于危亡中，所以青年们要参与革命。

再次，中国社会的变革还需要唤醒工业。在《中国丝业失败的原因及其补救的方法》一文中，作者深刻剖析了中国丝业由盛转衰的原因，尖锐地指

---

① 林凯：《国难期国人应有的认识》，《十中学生》1933 年。

② 胡鸪鸪：《阿毛》，《熵火》1932 年第 1 期。

③ 柳泽苹：《一个严重的问题》，《明天》1934 年第 4 期。

出中国面临的危险困境。“日本人想夺去我国数千年丝业的美名,这样下去,我国不是十二分的危险吗? 所以我们也应该奋着精神去努力改进, 以免日人这种可怕的希望实现。”① 实业救国的思潮早在清朝末年便有蓬勃发展之势, 直至 20 世纪 30 年代, 中国的工业基础仍旧薄弱不堪。试想, 一个国家若没有强大的民族工业支持, 经济严重依赖外国, 又何谈政治独立? 因此, 作者呼吁, 从精神上寻根, 以政治手段促进经济发展, 进而以经济力量支持政治独立方为大道。

最后, 一些文章也在积极宣扬民主自由的思想, 以此激发青年与群众的革命积极性。“再谈自由的意义, 自由——就是据个人脑筋中所产生的思想而做出来的, 若是法律中所谓的自由就是: ‘言论自由’‘结社自由’‘入会自由’……总而言之, 就是天下的公理, 就是人生的要具, 并且没有一个地方是不能适用的。”② 帝国主义的压迫下, 自由显得尤为高贵。正因其高贵, 所以值得为之争取与奋斗。

1931—1934 年, 年轻知识分子们的大力宣传进一步激起群众的斗争热情: 中国, 需要革命!

二、1935 至 1937 年

1935—1937 年, 温中学子主要依靠《明天》《新路》杂志宣传进步思想。这一阶段以“青年与国家”为主题的文章如表 2 所示。

---

① 谢文华:《中国丝业失败的原因及其补救的办法》,《十中学生》1932 年。

② 林凯:《自由与纪律》,《爝火》1932 第 1 期。

表 2　1935—1937 年温州中学校刊中以“青年与国家”为主题的文章

年份	刊物	文章	作者
1935	《明天》	《准备战争》	瑊
		《明天期望明天该做》	胡
		《救救自然科学吧》	瑞人
		《欧洲各国军力比较》	
1936	《明天》	《我们这时代》	蓁
		《创造明天》	骅
		《社会的转变》	王平
		《唯史论者的中国不亡论》	郑逖
		《谈中国的社会》	阿新
		《青年行进前哨曲》	众生合唱
		《伟大的抗日武装先锋队》	邵猛力
		《论现阶级日本帝国主义的侵略中国》	王日
		《“长期”“准备”“交涉”“协定”“条件”“要求”》	榴瓶
		《“五四”与“一二·九”“一二一六”》	金谷
		《看清我们的敌人与伴侣》	阿拉
		《谁说“知识分子在革命过程中没有多大用处”》	陈月华
1937	《新路》	《帝国主义的侵略与民族解放运动》	陈昌明
		《日本帝国主义的危机》	古日
		《开拓新路》	郑伯永
		《新路歌》	陈桂芳

续表

年份	刊物	文章名称	作者
1937	《新路》	《经济侵略与中日经济提携》	亦平
		《日本的大陆政策与海洋政策》	翼平
		《“我觉悟得太迟了”》	霭艳
		《死守着前方》	木儿
		《我们要抗战》	海
		《“恐日病”》	嶺峨
		《回顾与前瞻》	刘亦平
		《前进（木刻）》	刘适屡
		《黑夜》	陈锡荣

1935—1937年，是急剧变化的三年，这一时段黑暗之中蕴含希望，挨打背后犹有成长。

1935年是一个重要的分界点：这一年，华北事变爆发，中日民族矛盾上升为中国社会的主要矛盾。从察哈尔事件、河北事件，再到张北事件、华北五省自治运动，日本的侵略气焰日益嚣张，吞噬整个中国的野心昭然若揭，这无疑为全国上下敲响了警钟。对此，中共发表《八一宣言》，召开瓦窑堡会议；北平爆发了声势浩大的“一二·九”运动。之后，1936年，张学良、杨虎城两位将军发动西安事变，在全国人民的殷切期望下，事变和平解决，国民党被迫接受停止内战，一致抗日的建议。

这场战争必定是艰苦而漫长的，它不仅攸关共产党与国民党的政治前景，更关系到整个中华民族的生死存亡。只有发动所有人，中国的未来才有希望。正是这种爱国情怀和忧患意识，平津学生南下深入工厂、农村、军队进行抗日宣传。在这一浪潮中，温中学子也积极响应，不甘落后，以笔为戟，传播抗日意识。

青年学生总能敏锐嗅出时代的气息——“时代是严重了，火药的气味更浓了”。[①] 他们发出了最切实的警醒——“正是，我们应备战！！！为的是求整个民族的解放，我们得向帝国主义的阵线冲去！冲！！！”[②] 青年最难能可贵是一腔热血，是满怀希望。他们深具敏锐的时代意识，以深刻的洞察力挖掘着时代的本质，揭露血淋淋的事实，带领群众找寻民族的出路。“马上持着古老的武器，用最伟大的英勇姿态，来对付侵略的强盗。”[③]

温中学生饱含激情，吹响斗争的号角。“我不知年少轻狂，只知道胜者为王。”“然而，在这空气紧张的场合里，我们不能因循姑息，苟且偷安，朋友！我们要认清我们的‘这时代’，我们要反抗，要斗争！用积极的反抗与斗争来找我们的‘生路’吧！”[④] 他们热情歌颂英勇的战士，批判无能的懦夫。“今天我们只有一条心：不求和，不投降，我们人民要同政府紧紧地连在一起，在政府的领导之下起来抗战！我们要抗战！”[⑤] 青年们拿起武器，加入抗战的行列，以血肉之躯保卫家国。以上种种，都凝聚青年们的热血与激情。他们不相信自己会输，中国会亡；他们坚信短暂黑暗之后，光明终将到来。

青年们目标明确，毫不动摇。哪怕前路如黑夜那般压抑迷茫，哪怕“我

---

① 珹：《准备战争》，《明天》1935 年第 5 期。
② 珹：《准备战争》，《明天》1935 年第 5 期。
③ 邵猛力：《伟大的抗日武装先锋队》，《明天》1936 年第 7 期。
④ 蓁：《我们这时代》，《明天》1936 年第 6 期。
⑤ 海：《我们要抗战》，《新路》1937 年第 2 期。

们的世界是恶毒的世界，我们中华民族是多灾多难的民族，世界各帝国主义已先后像饿狼似的奔向我们的土地上来。我们大众便是快到了沦亡的一天了”[①]。尽管黑暗笼罩，青年们仍旧相信明天，他们要开拓新路。《明天期望明天该做》一文中写道：“明天希望世界和平，国内安宁。明天该作为人群谋福利的工作。振作精神，用热情沸血来洗刷这未实现的‘意志’！”[②]《新路》的创刊词也颇鼓舞人心：“朋友，我们要开拓新路！朋友，我们要创造新世界！……黑暗的尽处有光明的世界，痛苦的尽处有幸福的乐园；朋友让我们携起手来！前进吧！——毁灭了黑暗的世界，杀出了一条新的大路！朋友，努力吧！我们为了自己，为了社会，为了千万人的生存。快举起我们的武器，奋斗！努力！——努力开拓新路！”

时局愈艰，青年愈勇。他们上下奔走，高呼：救国，刻不容缓！正如《青年行进前哨曲》中所唱：“全中国的青年战士们啊，我们一致联合起来！历史所给我们的困苦与任务是这样的深沉。我们要开拓我们的乐园，把握住这伟大的年代：我们来创造我们的世界，坚强地向前行进，行进。把着明亮的火把，高举起鲜红的旗子，我们伴随着历史的长流永恒地前进。”[③]

青年们抛头颅，洒热血，感染华夏大地，震撼中华人心。

三、褪去青涩，各方力量凝聚

相比 1931—1934 年，1935—1937 年时段校刊出现了显著变化，主要

① 蓁：《我们这时代》，《明天》1936 年第 6 期。

② 胡：《明天期望明天该做》，《明天》1935 年第 5 期。

③《青年行进前哨曲》，《明天》1936 年第 7 期。

体现在以下几点。

首先，文学形式更加多样化。在保留前一阶段杂论、小说、散文等形式的同时，这一时段随笔、诗歌、绘画等新形式相继与读者见面。

其次，文艺类作品明显减少，时评类文章不断增多；许多小说也暗含时代的呼号。

再次，与抗日宣传相关的文章明显增多。1931—1934 年，青年学生的批判矛头主要指向日本帝国主义和本国封建势力；在 1935 年中日矛盾成为主要矛盾的时代背景下，日本帝国主义成为学生的批判对象，他们呼吁国内各阶层在中华民族的旗帜下，团结一致与日本抗战到底。

最后，文章更为理智，认识更为透彻。以《救救自然科学吧》为例，青年们意识到自然科学是救国于危亡的一大重要支撑，呼吁社会重视并努力发展。同时《日本的大陆政策与海洋政策》等文章，也显示出青年学生们开始懂得剖析敌人，放眼世界，将中国人民的抗争置于世界的框架下，争取国际上支持中国抗战的一切力量，以便更好地取得胜利。

“中华民族到了最危险的时刻”，青年学生成为中国社会一支不可忽视的力量，他们乐观坚强，坚信光明是创造出来的——“我们现在所处的是怎样的环境哟？——我们是在黑茫茫的黑夜里，我们是需要期待‘明天’呢？或是需要来创造‘明天’？——虽然我们在黑暗中都是热烈地希望着光明的到来。”[①] 看似问句的背后实则隐藏着青年们最坚定的答案。“黄昏给大地带来了漆黑，我们，便在这漆黑中找寻活路，沸腾的热血，升着，升着，心中充满了个黎明的到临。”[②] 他们更为务实，或是参加军队，或是深

① 骅：《创造明天》，《明天》1936 年第 6 期。

② 木儿：《死守着前方》，《新路》1937 年第 2 期。

入群众进行创作宣传——总之，在以各种各样的方式保卫祖国，创造明天。相较于上一阶段的青涩，这一时期青年们的理念明显成熟。

以青年为代表的中国社会各阶层逐步意识到，在日本的铁蹄下中国即将面临亡国灭种的危机，因而各方力量逐渐汇聚，抗日民族统一战线逐步形成。

四、青年与国家

1931—1937 年，这是一个黑暗的时代。日本的经济侵略和军事压迫空前加剧，飞机的轰鸣与炮弹的轰炸是时代的主旋律。天是黑的，河是红的，前路似乎没有一丝光亮。

这也是一个传奇的时代。即使实力弱于日本，中国的年轻人仍坚定地呐喊、疾呼。越是落后，越能彰显不惧牺牲的可贵；越是黑暗，越能体现未来的美好。

站在时代的角度，青年是主力军，家国是最宏大的命题。青年的正义、无畏与勇气，成为他们青春最亮丽的底色；而“保家卫国”则照亮他们前行的道路，赋予这个时代全新的意义——20 世纪不再只有黑暗，还有蓬勃的朝阳在升起。最终，在中华民族的旗帜下，不同领域、不同职业、不同年龄、不同阶层、不同党派的爱国力量不断凝聚，建立了抗日民族统一战线。在全民族抗战阶段，张自忠、左权等爱国将领力战殉国；后方兵工厂里工人们日夜不息地制造武器；海内外华侨倾尽家财，为祖国抗战提供物资；农民们节衣缩食，保障前方的军粮供应……中国虽大，但人心不散。民族之魂永存。

青年与国家紧紧相连，青年与国家相辅相成。正如党的十九大报告中所言：“青年兴则国家兴，青年强则国家强。”80 多年前，我的学长学姐们誓与日寇抗争到底，他们冒着被逮捕的风险，书写革命的文字；他们勇敢地拿起武器，走上战场，以鲜血保卫祖国的河山—这是中国青年之光，是我辈之楷模！

家国存，则青年存；家国亡，则青年亡。国家为青年的发展打好铺垫、搭建舞台。中国人民历经抗战的洗礼，之后取得新民主主义革命胜利，新中国成立，人民终于当家做主……涅槃重生，人民需要新中国，青年需要新中国。放眼新时代，在不断推进的现代化建设事业中，国家对青年教育的关注、创业的支持力度在不断增大……

青年们在国家的扶持下成为栋梁，又进一步反哺国家，唱响青年与国家的欢歌。

写及此，我不禁想起史学大师陈寅恪先生的“同情之理解”。他认为今人只有站在前人的立场、以前人的角度来看历史，才能更准确地体会前人的心境，才能更好地理解历史。诚哉斯言，同情是理解的前提。

置身于1931—1937年，我同情青年的无奈。国难当前，他们是没有选择的那群人。但是，危难时刻，他们选择挺身而出，为自己，为家国，与日本侵略者抗争到底。破釜沉舟，这场战争没有退路。只能赢，不能输。输了，便是失了根的人。他们也认识到胜利需要全中国的支持，而非散沙般的零星革命，所以他们要发动更多的民众。

历史的车轮辘辘作响，我与当时的青年就此产生心灵上的共情。这无奈的斗争是悲壮的，但青年的坚持与勇敢将悲壮化为壮丽——我理解了他们的勇气与担当、热血与希望，与历史拥有了共鸣。

无论过去与现在，青年与家国始终共命运，正如李大钊先生当年那振奋人心的号召：“黄金时代，不在我们背后，乃在我们面前；不在过去，乃在将来。”我们当代青年当怀家国之情，以理想绘就生命底色，为国献力，丰盈青春。

通过这次历史写作，我学会了查阅文献资料的方法。“青年家国情”这样一个厚重的选题势必需要大量的历史资料作为支撑，在这里我要感谢温州市图书馆提供的各种数字资源，包括全国性的晚清民国期刊全文数据库及地方性的“温州学”文献总库。文献查找的伊始，我搜索的关键词是

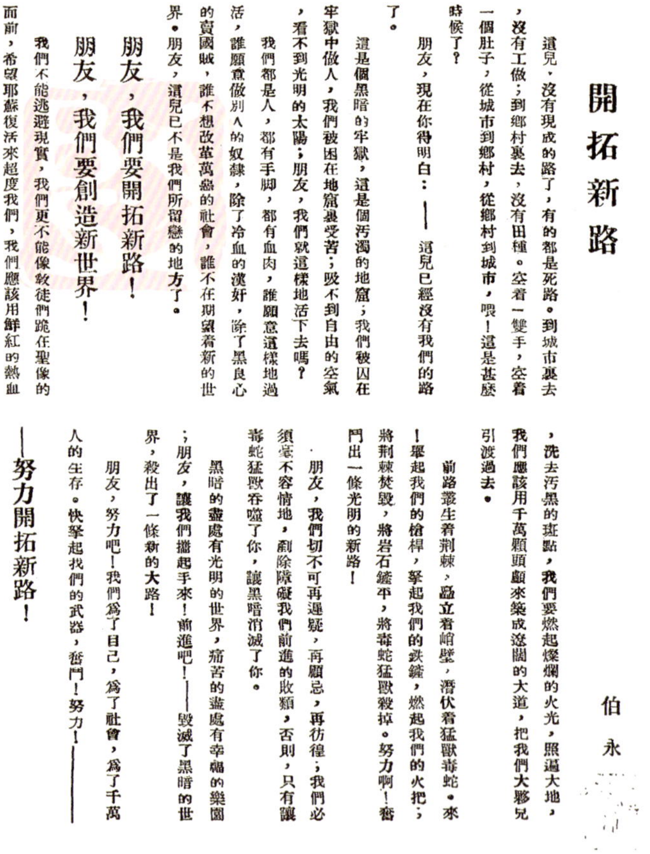

開拓新路

伯永

這兒，沒有現成的路了，有的都是死路。到城市裏去，沒有工做；到鄉村裏去，沒有田種。空着一雙手，空着一個肚子，從城市到鄉村，從鄉村到城市，喂！這是甚麼時候了？

朋友，現在你得明白：——這兒已經沒有我們的路了。

這是個黑暗的牢獄，這是個污濁的地窟；我們被囚在牢獄中做人，我們被困在地窟裏受苦；吸不到自由的空氣，看不到光明的太陽；朋友，我們就這樣地活下去嗎？

我們都是人，都有手脚，都有血肉，誰願意這樣地過活，誰願意做別人的奴隸，除了冷血的漢奸，除了黑良心的賣國賊，誰不想改革萬惡的社會，誰不在期望着新的世界。朋友，這兒已不是我們所留戀的地方了。

朋友，我們要開拓新路！

朋友，我們要創造新世界！

我們不能逃避現實，我們更不能像教徒們跪在聖像的而前，希望耶穌復活來超度我們，我們應該用鮮紅的熱血，洗去污黑的斑點，我們要燃起燦爛的火光，照遍大地，我們應該用千萬顆頭顱來築成遼闊的大道，把我們大夥兒引渡過去。

前路叢生着荊棘，聳立着峭壁，潛伏着猛獸毒蛇。來！舉起我們的槍桿，拏起我們的鐵鏟，燃起我們的火把；將荊棘焚毀，將岩石鏟平，將毒蛇猛獸殺掉。努力啊！奮鬥出一條光明的新路！

朋友，我們切不可再遲疑，再顧忌，再彷徨；我們必須毫不容情地，剷除障礙我們前進的敗類，否則，只有讓毒蛇猛獸吞噬了你，讓黑暗消滅了你。

黑暗的盡處有光明的世界，痛苦的盡處有幸福的樂園；朋友，讓我們攜起手來！前進吧！——毀滅了黑暗的世界，殺出了一條新的大路！

朋友，努力吧！我們爲了自己，爲了社會，爲了千萬人的生存。快拏起我們的武器，奮鬥！努力！——

——努力開拓新路！

1937 年《新路》杂志创刊词《开拓新路》
（截图自晚清民国期刊全文数据库）

晚清民国期刊全文数据库

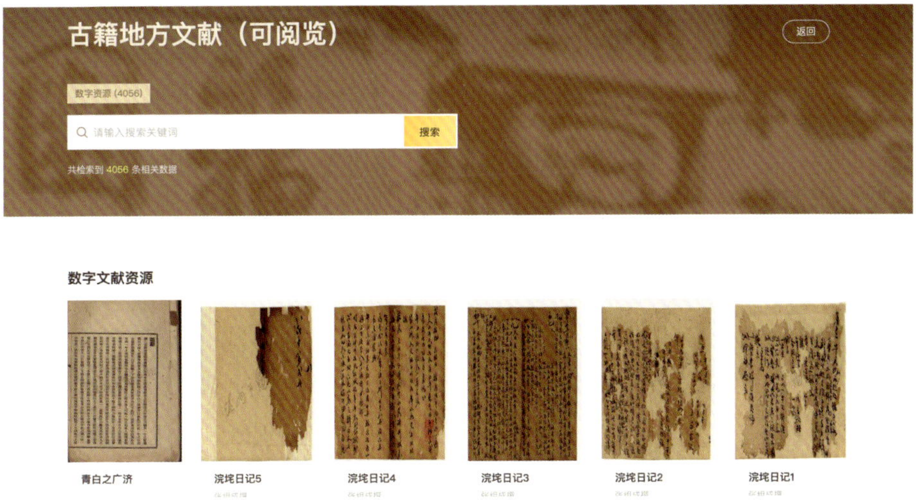

“温州学”文献总库——馆藏古籍民国地方文献全文数据库

“温州中学”“校刊”，但所获寥寥无几。经过一番反思，我调整策略，先查找温州中学历年校刊的刊名，再搜索刊名获取史料，效果立竿见影，涌现的大量原始资料令我欣喜不已，使我在写作过程中充满动力。

我还前往校史馆，在其中探寻校刊历史，获益颇多。

这次历史写作，史料的阅读也是很大的挑战。大量的原始文献都是繁体、竖排书写，个别页面还存在油印不清等问题。从最开始的一字一查，到根据字形联系现代汉语，熟能生巧，我逐渐得心应手起来，阅读速度也有了很大提升。我感受到文字背后当时学子的苦闷，也感受到青年学生创造光明的勇气……后来，我发现繁体的文献阅读并不是原先想象的那般枯燥，相反，它很有趣，这是探寻、走进前人心灵的捷径。通过这次活动，我懂得历史学习不能只停留在课内，也需要课外的大量阅读，课内外相结合才是学习历史的最佳方法。在探究过程中，我在阅读历年校刊原始文本的同时，将这些内容与课内所学到的重大历史事件进行对应，从而将小课题置于更大的视野之下，由点及面，由面及点，二者相互促进，助我形成更宏大的历史观。

阅读之后，我便着手分析、整理查找的文献资料。一个时代有一个时代的主题，我们需要加以提炼——这也是我在这次写作过程中学到的。我的做法是以标志性事件作为分界点将历史进行阶段划分并进行总结。当然，比较分析也是历史写作不可或缺的思考维度，毕竟个性与共性往往相辅相成，而发现个性的最好方法便是比较。我以华北事变作为分界线，将 1931—1934 年、1935—1937 年这两个时间段的校刊进行比较，发现了艺术形式、叙述风格、文章内容等多方面的存在差异。因此，我将前一个阶段的关键词概括为“唤醒与革命”，认为后一个阶段是“黑暗之中蕴含希望，挨打背后犹有成长”。

在这次历史写作过程中，我还学会了分级标头、插入引注等论文写作的基本规范，为我以后的研究生涯打下扎实的基础。

最后，每一篇文章都需要反复打磨。历史写作需要沉下心来，对一字一句都倾注入自己的情感，使文字在贴合历史的同时也契合自己的心跳。

魏忠：一位竭忠尽节的知识分子

温州中学历史教师　陈只信

瓯海潮淙，群英荟萃；百年温中，更是星光璀璨，人才辈出。其中一位成长于斯、成名于斯、竭忠尽节的知识分子，徒以直道正己心，屹立于群贤之间却仍有一番风味，他便是魏忠。魏忠先生生于1921年，卒于2004年，其一生践行“忠”字，忠于党，忠于己，忠于职守，在百年温中校史上留下了生动的一笔。

一、忠诚于党

20 世纪 30 年代，日军侵华，国难当头。1934 年，13 岁的魏忠考入瓯海中学。有感于日寇的步步紧逼、民族危亡的日益沉重，年少的魏忠一边刻苦钻研学业，一边踊跃参与学生工作，投身抗日救国事业。凭借出色的口才和组织能力，他成为学校“学生自治会”的领袖。据其同窗董孔标先生回忆，那时的魏忠热衷阅读《大众生活》等进步杂志，关注时政国事。在自身思想成长的同时，魏忠还积极向周边同学传播抗日救国理念。1935 年底，受“一二·九”运动感染，温中学子成立“温州学生抗日联合会”，魏忠亦带领瓯中学子加入。他们一起游行示威，激情演讲，向当局请愿，在革命洪流的洗礼中，魏忠先生逐渐成为温州学生运动的骨干。

瓯中毕业后，魏忠进入温州中学，与郭绍震等同窗一起学习、进步。在温州中学这所革命氛围浓厚的学校里，魏忠参与了中国共产党组建的外围组织——读书会。读书会通过阅读进步书刊交流思想、纵谈国事，身处其间，魏忠进一步了解世界大势，更坚定了中国抗战必将胜利的信念。战火很快烧到温州，1939 年 4 月 28 日下午 3 时，温州中学仓桥校区全部教室、学生寝室、自修室、理化仪器室、理化实验室等全部被毁，学校被迫迁至青田水南。

水南条件艰苦，但魏忠与温中学子的抗战精神从未动摇，他们以话剧等形式，宣传革命思想和爱国精神。1941 年 4 月，为救济贫民，魏忠与温中剧团赴温州中央大戏院公演《塞上风云》，该剧描述了蒙汉两族青年粉碎日本特务阴谋，携手抗日的故事。话剧成为温中进步学子表达革命呼声的“利器”。

1942 年春，魏忠从温中毕业，进入暨南大学求学。大学期间，他积极汲取新思想，广泛参与学生运动。此时年轻的魏忠逐渐认识到，中国共产党是革命的政党，是能够改变中国当前命运的进步力量，于是，他努力向党组织靠拢。学成回温后，他投身地下工作，配合完成党的各项任务。其间，魏忠因忠诚可靠、机智干练，广受赏识，并与谷超豪等学运领袖相互欣赏，结成莫逆之交。

解放后，魏忠回到母校温州中学，担任教务主任，协助金嵘轩校长开启了学校的新篇章。在校务工作上，魏忠挥斥方遒；而在他坚毅的心里，始终燃烧着一个梦想：加入中国共产党。1951 年，中共温州市委领导找魏忠、郭绍震等三人谈话，肯定三人的积极与进步，动员这三位温州文教界的骨

1939 年 4 月，温州中学仓桥校区被炸后照片

干加入民盟组织。彼时的民盟在温州盟员人数不多，文教界的成员更是凤毛麟角，这与民盟中央订立的组织发展路线“以文教界中的上层知识分子为主”相悖。虽然魏忠内心依然向往着加入共产党的队伍，但服从党的安排，亦是他的生命信条，因此他接受党的号召，加入了民盟。为服务统战工作的需要，魏忠动员金嵘轩校长也加入民盟。随着金老的加入，温中乃至温州一大批名师相继投身民盟。温州民盟知识分子汇聚，这是魏忠对民盟的一大贡献，也是对党统战工作的一大贡献。

1954 年 4 月开始，魏忠担任温州中学副校长，在这一职位上三十年如一日，一直兢兢业业，深受领导与同事好评。做好校务管理工作的同时，魏忠还是新中国成立后温州地区民盟的主要领导人，其为温州地区民盟组织的运行、稳定与壮大竭尽所能，并长期担任温州市人大代表，以及浙江省第二至七届人大代表。魏忠是中国共产党领导的多党合作和政治协商制度的积极践行者，他拥护党的事业，完成党的使命，始终坚定不移地与党处于一条战线。晚年时，魏忠仍惦念入党梦想。1993 年 5 月，已过古稀之年的他终于得偿所愿，经党组织批准，光荣地加入了中国共产党。

三年化茧、五年成蝶，碧血丹心，魏忠以国家兴亡为己任，安其分、守其志，谱写了一曲忠诚于党的动人华歌。

二、忠诚于己

魏忠一生对人和气、和睦，为人正直、正气，既能廉洁自律，又能清白自省，其名“忠”，字“道中”，取义“中庸”。观其为人处世，处事有所节制、不偏不倚，处处皆是“中庸”之风。

魏忠待人随和、诚恳宽厚，对师生循循善诱，是金嵘轩校长治校的好助手。校园里，经常可以见到他们的身影穿梭在活泼的教学楼、热闹的运动场、静谧的自修室。自清晨五点半学生起床开始，早操、早自习、上课、晚自习、夜间休息，一日校园生活皆有章可循，魏忠带领教师群体严格执行各项管理制度。师长以身作则，引领着莘莘学子的进步与成长，学生的优秀品质在点滴之间养成。在先贤的努力下，1956 年，温州中学高考成绩荣获华东区第一名。

新中国成立后，学校的办学还是多少受到一些政治运动的影响。在“反右倾”“文革”等政治运动甚嚣尘上的年代，许多人为自保，对一些所谓“成分不好”的同事、朋友避之不及。但魏忠坦坦荡荡，对待朋友始终如初，并不担心与之交往会惹来祸患。据其夫人吴小玲回忆，那时他们 40 平方米的小家经常会聚集一些当时所谓的“右派”，魏忠和她都友好接待，待之如常。小屋中，他们或闲聊日常家庭琐事，或关注工作日常，或谈论中外文学……艰难岁月，小小空间里的谈笑风生，成为特殊年代同志们心灵的慰藉。锦上添花易，雪中送炭难，魏先生与吴老师以其乐观、善良给予周边人以温暖。他们是平凡中的不平凡。

魏忠以“中庸之道”立身处世，却又难得地怀有一身肝胆侠气，横眉冷对千夫指，俯首甘为孺子牛，这是先生一生安身立命的真实写照。

三、忠于职守

“文革”结束后，温州中学百废待兴，各项事业亟须整顿，其中教师队伍的重建迫在眉睫。时任副校长的魏忠首先想到自己的高中同窗郭绍震。德才兼备、极具个人魅力的郭先生既勤劳务实，又突破进取，是那个时期温中急缺的人才。可“文革”中，郭先生已被调到花柳塘小学（现温州市城南小学）工作。爱才惜才的魏先生认为，如不能将郭先生调来，必将是温中极大的损失。为此，魏先生上下奔走，终于在时任温中校长、书记李方华的支持下，将郭先生调回温州中学工作。郭先生后来成为温州中学校长，在温中校史上颇有建树。而魏先生慧眼识珠，爱才惜才，更成为美谈。

1978 年底，主管教学的魏先生带领几位温中学子前往省城参加浙江省数学竞赛。此次数学竞赛中，温中学子陈大岳脱颖而出，获得一等奖。40 多年后，已成为北大数学学院院长的陈大岳教授回忆起这次比赛，仍感念先生之恩。比赛期间，一群人挤在一个房间，学生的休息环境不好。为了让学生专心比赛，魏先生主动让出自己的房间，保障同学们能够养精蓄锐、取得佳绩。赛后，陈大岳保送进入复旦大学，魏先生把他推荐给好友谷超豪教授予以栽培。魏先生一直关心陈大岳的成长，在其出国留学期间，仍旧写信鼓励他好好努力，争取学成归国，报效祖国。对于这些点滴，陈大岳一直铭记——魏忠先生是他的“伯乐”，自己的成功离不开先生的帮助。

在其位，谋其政；做一事，美一事。此乃魏先生作为一名师者的拳拳之心。

先生已逝 17 年，2020 年恰逢其一百周年诞辰，回首先生一生，足让后人追思与赞叹！

温州中学“马公愚兄弟与虎”雕像渊源考

温州中学 2021 级　邓瑶瑶

一、争议溯源

温州中学教学楼东面有马公愚兄弟与虎雕像，我每每路过，心中不免有疑问：马公愚兄弟为何人？雕像前又为何有一铜虎？我暂作阙疑，上网查找相关资料。

通过查阅，得知马氏兄弟即为马公愚、马孟容二人。马公愚（1893—1969），本名范，字公禺，晚号冷翁，浙江永嘉城区（今温州鹿城区）百里坊人，著名金石书画家，著有《书法讲话》《书法史》《畊石簃杂著》等。新中国成立后，任上海中国画院画师、上海文史馆馆员、中国文字改革委员会委员，有“艺苑全才”之誉。其兄马孟容（1892—1932），名毅，字孟容，著名书画家，著有《墨趣专述》《马孟容花鸟画集》等，生前任中国文

马公愚兄弟与虎雕像

马公愚骑虎照

艺学院教务长、浙江省西湖博览会艺术馆参事等。

马氏兄弟对家乡革命事业与美术事业贡献巨大。兄弟二人于 1905 年考入温州府中学堂（今温州中学），1908 年共同考入浙江高等学堂，1911 年被温州府中学堂（今温州中学）聘为教师，并创办永嘉启明女学。1914 年，兄弟二人共同创立东瓯美术会。1919 年，同郑振铎等人发起永嘉新学会，次年出版《新学报》，后赴上海，被誉为“海上艺苑的双子星座”。

该雕像中的虎，网传其为马氏兄弟所养，并以“书法家马公愚骑老虎”系列照片作为佐证。[①] 然马公愚、马孟容子女撰写的回忆文章中从未提及“养虎”二字，“马氏兄弟养虎”这一说法是否真实可信？

① 详情见 https://baijiahao.baidu.com/s?id=1720173576056688159&wfr=spider&for=pc 百年前温州何模样？老百姓围着邮差收信，书法家马公愚骑老虎。

二、克勤克俭的个人品性

马公愚学生翁运凡回忆恩师："夏不用电扇，晚上赤膊上阵读书，冬不烤火。"[①] 其女马大望对此有详细描述："冬天一顶褐色毡帽，一件中式棉袄。夏天光着上身，一条宽大的中式白短裤，系一条腰带。坐着写字时，手臂下衬一张宣纸，最热时，汗水顺着手腕流下。"[②] 在诸多学生笔下，马公愚无缘烟酒，早餐简单，不喜服人参等价格高昂的补品。教书时也仅是布衣一袭，布鞋一双。翁运凡提及："他曾指着脚下的布鞋说，已经穿了十二年了。"通过种种细节，不难发现马公愚生活俭朴，即便家道较为殷实，仍旧克勤克俭。据其外甥女郭蕊回忆，马公愚学生中颇有身居要津者，马氏却宁可淡泊名利，不愿攀附权贵、追求奢侈。[③] 在以养老虎为奢侈的民国时期，以马氏兄弟的品性，拥有这样一只"宠物"的概率可谓微乎其微。怀着猜虞之心，我查阅了更多资料。

---

① 翁运凡：《马公愚师琐忆》，《中国书法》2015 年第 7 期，第 19 页。

② 马大望：《马公愚故居旧事》，《温州日报》2013 年第 12 期。

③ 郭蕊：《春草池塘忆舅家——说说我的舅父马孟容、马公愚》，《西泠艺丛》2020 年第 2 期，第 31 页。

三、并不稳定的经济条件

通过查阅部分民国时期文献与科学论文，可知民国二十年（1931）左右京沪肉价约为每斤 0.3 元，而一只老虎每日需进食肉约 15 斤，一个月需空出约 150 元给一只老虎买肉。[①] 根据民国教员工资推测，中学教员的家庭，一般月收入约为 200 元。[②] 单看食物供给方面，经济条件虽较为优良，也只是勉强满足，若再算上日常料理所需的费用，并不见得能够支撑马氏兄弟长期养虎。

到抗日战争时期，马公愚任上海邮政储金汇业局人寿保险处处长，后因珍珠港事件爆发，日本接收上海邮汇局，他拒当伪官，立即辞职，[③] 切断了“职工工资”这一家庭重要收入来源，并多次拒绝日本人的要职邀请，失去了固定月薪，可见其经济收入并不稳定。

马公愚也未通过收徒、鬻字等获取大量钱财。据其学生周志高回忆，马公愚“不以贫富挑弟子，不收取学费”[④]。马大望也称父亲“教书法，不收学费，不收财礼，没有规定的上下课时间，更不点名”。[⑤] 后以鬻字谋生，

---

① 肖第：《民国时期京沪粤的工资和物价》，《上海商业》2013 年第 9 期，第 60 页。

② 肖第：《民国时期京沪粤的工资和物价》，《上海商业》2013 年第 9 期，第 61 页。

③ 李海珉：《马氏翘楚马公愚》，《书画艺术》2010 年第 4 期，第 72 页。

④ 周志高：《我与马公愚先生的师生情怀》，《新民晚报》2015 年第 3 期。

⑤ 马大望：《马公愚故居旧事》，《温州日报》2013 年第 12 期。

但因不愿迎俗媚世，严词拒绝巨商之求，李海珉形容其“挣点小钱补贴家用”[1]，并非如自媒体所言般“赚得盆满钵满”。

对于马孟容，郭蕊称其“胸襟洒脱，不事积蓄，身后萧条”，[2]更无可能具备养虎的经济条件。马孟容去世后，马公愚夫妇对马孟容夫人“关怀备至，对五个侄子侄女也视同亲生”，[3]将更多的钱财用于抚养子女，在这样的经济环境中，恐怕一虎也难以容身。

四、狭隘局促的空间环境

马氏兄弟寓居颐德坊，兄弟二人未购买其他园林。因此若“养虎”一事真实存在，则马氏兄弟所居住的宅院应为其养虎之地。

该宅院为当初上海邮局及邮政储金汇业局的宿舍，单开间三层，外加阁楼。颐德坊是沿着上海劳尔东路（今襄阳北路）的弄堂房子，每条十个号，房屋普通简单。查阅民国时期颐德坊弄堂房子样式，发现其一般为二、三层楼房，开间较窄，天井较小，无法凿池叠石、赏花折柳，[4]更难以创造一个适合老虎生活的环境。此外，据马公愚女儿马大望描述，家中外界住客

---

① 李海珉：《马氏翘楚马公愚》，《书画艺术》2010年第4期，第72页。

② 郭蕊：《春草池塘忆舅家——说说我的舅父马孟容、马公愚》，《西泠艺丛》2020年第2期，第30页。

③ 郭蕊：《春草池塘忆舅家——说说我的舅父马孟容、马公愚》，《西泠艺丛》2020年第2期，第30页。

④ 祝桂红：《民国时期上海里弄建筑设计与居住文化研究》，中国美术学院2008年硕士学位论文，第16页。

较多，拜访马公愚者与来上课的学生不计其数，在这般人来人往的空间背景下，“养虎”之说便显得有些荒谬了。

五、虎雕像的真相

从各方面分析，网络上“马氏兄弟养虎”的说法并无可信之处，那么为其作佐证的“马公愚骑虎照”是否真实？温州中学马公愚兄弟与虎雕像以此照片为原型加以创作，照片真正来源何处？

带着种种疑问，我继续查找相关资料。这一照片也出现于上海市文史馆馆员郑逸梅的《书家马公愚》一文中，并附有文字：“张大千的长兄善孖，蓄虎于吴中网师园，虎驯不犯人，善孖放诸园中，不加链索。一次，公愚赴苏往游，善孖请公愚骑在虎背上拍一照，且保证安全。公愚姑妄试之，但瑟缩发颤，拍就下虎背，还是心有余悸，可是他说着硬话：‘我虽没有降龙，却已实行伏虎。俗语谓骑虎难下，在我来说，是没有这回事的。’这帧照片，我向他借制一版，载在我所辑的《永安月刊》上。”①

西泠印社整理的《马氏昆仲年表》亦对此有记录：“1933 年，马公愚 40 岁。2 月，往苏州拜谒章太炎，在网师园拍摄骑虎照。”②

马公愚所骑之虎，便是“虎痴”张善子豢养的老虎——“虎儿”。张善子（1882—1940），初字善孖，后改为善子，近代名画家，善画虎。为了能随时观察虎的形态、习性，便于对虎写生、描画，张善子几经波折从友人吴

---

① 郑逸梅：《书家马公愚》，《郑逸梅笔下的文化名人》，上海书画出版社，2002 年。
② 西泠艺丛：《马氏昆仲年表》，《西泠艺丛》2020 年第 2 期，第 33 页。

宗信处得一虎，于苏州网师园精心喂养。[①] 张氏兄弟与马氏兄弟关系甚好，来往密切。如 1929 年 5 月，张大千、郑午昌、黄宾虹、张红薇、郑曼青、楼辛壶和马氏兄弟聚于命名为“寒之友居”的画室，共同完成一页扇面。[②] 因此，张氏兄弟邀请马公愚来观虎也是见怪不怪的了，只是张善子没有想到，那时的照片竟使得自家“虎儿”换了主人。

通过以上经济、环境、个人等多方面分析，马氏兄弟养虎一说实属荒诞，而照片中的老虎应是张善子于苏州网师园所养的“虎儿”。可惜谣传者未尝了解马氏兄弟的生活情况与性格品质，因一张照片便妄下定论。

除此之外，在查阅、分析的过程中，我们可以透过一虎看到马氏兄弟的品德修养与伟大情怀。马氏兄弟拥有高超的艺术造诣、克勤克俭的生活态度、愿为人民立心的家国情怀，对教育事业更是献出丹心、不求回报。虎在传统文化中代表着孤傲、庄严与势力，马氏兄弟恰恰相反，他们谦逊、随和、可亲，是值得敬爱的一代双子星。

---

① 陈柏绿:《“虎痴”张善子》,《中国天主教》1991 年第 4 期，第 47 页。

② 郭蕊:《春草池塘忆舅家——说说我的舅父马孟容、马公愚》,《西泠艺丛》2020 年第 2 期，第 29 页。

第二部分

长相忆
家事情深

东山再起，矢志不渝
——两代人的“黄氏实业梦”

温州中学2022届　黄子婕

车窗外的繁华闹市忽地变成青砖白瓦，人群的熙攘嘈杂一瞬间化作过眼云烟。深灰的矮墙背负着古老的使命，保护这条小巷不受纷扰的侵袭。这条狭窄的嘉会里巷只勉强容一车经过，两面拥着的老宅裹挟着我仿佛回到20世纪的温州，眼前忽地浮现曾经人们缫丝、纺织、交易的生活掠影；但门边醒目的危房标识、紧挨的现代轿车正提醒我，这已是历史漫漫长河中落定的尘埃，封存进一个只属于过去时代的记忆。

从祖母的房屋到家族的店铺，再到老厂的遗址，重走祖辈遗迹之路看似已经结束，却又好像才刚开始：推开历史饱经风霜的大门，眼前年过古稀的院落为我开启祖辈深邃、庄重的故事，那是不该被后代遗忘的故事……

一、风兴云蒸——曾祖父与大厂的崛起

（一）应运而生：家族实业的黎明

穿过幽静的小巷，弄堂深处藏着一间矮平房。光绪十年（1884），我的曾祖父黄益三出生在温州飞鹏巷 96 弄 4 号，一片破旧的屋檐下。

19 世纪末，是内忧外患的时代，这声婴儿的啼哭给原本贫困的家庭带来更大的负担。曾祖父是五兄弟中的老三，迫于生计，他打小就帮着家人干活，十五六岁便去了丝厂做工。

甲午战后，“实业救国”的呼声、创办实业的大潮涌向瓯越之畔，在工厂的耳濡目染给正值青年的五兄弟埋下了打破陈规的种子。于是，某个归

黄氏民居旧址

黄聚发的缫丝加工厂旧址，现为居民楼

家的夜晚，五颗跳动的心开始筹备着尔后的方向。自此，他们更卖力地在厂里劳动。

20 世纪初，在清末新政和“预备立宪”的刺激下，1905 年中国资本主义工业迎来了一次高潮。这一年，兄弟五人分别辞掉原来的工作，变卖了金戒指、玉器，向亲戚借了几块大洋，抱着破釜沉舟的决心，凝聚起前所未有的团结。最初提议办丝线作坊的曾祖父更是尽心竭力，拿出全部积蓄，甚至卖掉妻子陪嫁的手镯。

一家人终于凑够钱，买下一间房屋、一小块土地，开办了一家丝线商铺，并取名——黄聚发，黄氏“实业梦”开始。

（二）朝乾夕惕：风雨中的攀缘

黄聚发的创办是家族浓墨重彩的一笔。

兄弟五人中，头脑最灵光的曾祖父依靠多年在丝厂打工的经验，一边指导两个弟弟生产丝线，一边协助两位哥哥经营店面。为了拓展市场，曾祖父还在温州各地来回奔走。渐渐地，丝店的生意有了起色。

与初涉实业的困顿相比，更让五兄弟头疼的是糟糕的营商环境。“民间办厂”虽然得到清政府的允许，但并没有可靠的法律保护。苛捐杂税、官吏勒索不但没有减少，反而日益增加。五兄弟住在一起，一边养猪一边经营，过着集商人、手工业者、农民于一身的艰苦生活。但是，前方只要有点点微光，曾祖父便一刻不停地努力前行。

（三）雄心壮志：献给家族的遗产

出了最多的钱和力，曾祖父逐渐成为黄聚发的主心骨。

在轮盘的飞旋中，在丝线于木机的穿梭中，在手中银币和布料的交替中，黄聚发的事业步步高升。兄弟五人拿挣得的钱买了房屋，又把它作为新的工厂和店铺。1914年，曾祖父的第一个孩子，也就是我的祖父出生，为家庭带来新生命的活力。此时，黄聚发店面走出飞鹏巷的弄堂，步入嘉会里巷的高楼，也进入到温州最为繁华的五马街。生意越做越大，房子也越来越多，房屋和工厂总面积达到2000平方米。因场地不够、供不应求，很多丝线、布匹便交给更小的手工业主加工成半成品，再交与黄聚发染色、出售。此后，黄聚发的事业在30年代达到顶峰，成为当时温州最有名的丝线店铺之一。

家人已过上了衣食无忧的安康日子，可曾祖父并不满足：他派20岁的长子，也就是我的祖父，前往当时中国最为繁华的上海租了店铺，面向全国开拓市场。当时在外省经营会面临种种困境，甚至可能付出亏损的代价，但曾祖父坚定不移——他想让黄聚发的名字响彻中国大地，让黄氏实业成为他留给后代的遗产。

黄聚发嘉会里巷店面旧址，现为居民楼

（四）生命尽头的遗憾

1937 年已至，灾难的年代又一次触及苦难的中国民众，阴云笼罩中华大地。

1937 年 8 月 13 日，日军发动“八一三”事变，上海危急。获知消息的曾祖父告知祖父撤回温州，上海店铺不得已关门。

1941 年，温州沦陷。温州部分布厂被劫掠一空，损失严重。年底太平洋战争爆发，英商在沪的纱厂被日军接管，原料被切断，温州大部分纺织厂停工。黄聚发的三家店铺也被迫关门。

曾祖父虽勉力维持，但年近花甲的老人实在无法对抗艰难的时局，只得带着家人从温州市区逃往郊县的平阳。流落异地，一手建起的实业毁于一旦。未来的希望在哪儿？这些对曾祖父来说是沉重的打击，他的身体每况愈下，生命已是暮年。他终没看到黄聚发重现辉煌，终没打到抗战胜利那一刻。最终，他逝于 1942 年寒冷的冬季。

曾祖父为黄聚发付出全部，鞠躬尽瘁于家族实业的发展。在我看来，他一生追梦，是一个伟大的实业家。

二、冲云破雾——祖父的传承与变革

（一）熊熊燃烧的热情：踏上征途

我的祖父是家中长子，曾祖父为他取名“黄耀中”，赋予家族在黄金年代的厚望，又是对长子光耀中华的期盼。

目睹家族从小工厂、小房子和小块土地，变为连成一片的大院、延伸半条巷的店面，祖父在黄聚发的发展中成长。20 岁时，祖父毅然接下曾祖父

祖父黄耀中与我父亲、大姑的合影

派的任务，带着新婚的祖母前往上海，将温州的产品拿到上海销售。凭借着一腔实业热情，年轻的祖父在上海打拼了三年。

（二）战火纷乱的年代：颠沛流离

上海的生意渐入佳境，但是抗战的全面爆发给这个青年人当头一棒。抗战时上海被毁的华商工厂有 2000 多家，损失额值 5 亿元。[①] 战争时局

祖父当时用于交易的银圆

下，祖父被迫关停店铺，带着在上海购置的、见证这段历史的铜床，历经三天三夜的海上颠簸，无奈地撤回温州。失去了独闯天下的机会，豪情无处施展，祖父只能屈居温州工厂。

“老嫌日子无聊，谁知道后来会出这样的事，那时候才明白原先的好。”[②]1941 年，战争的烽火一路蔓延到温州。小小的温州迅速沦陷，被连天

① 朱剑侬：《论抗战时期的民族工业》，《时事类编》1940 年特刊第 51 期，第 24 页。

② 父亲转述祖父的话，2020 年 8 月 5 日。

祖父于上海购置的铜床

的炮火所吞噬。此时祖母正怀着他们的第一个孩子，形势危旦，温州店铺被迫关门，全家人带上金条借宿平阳北港的客户家，在那里我的大姑出生了。

祖父亲历工厂被毁、繁荣的商业区被敌霸占，棉纱、面粉、蚕丝、火柴、水泥、卷烟、煤铁矿、盐等重要资源，无一幸免。家乡的丝厂一个接一个折本、停闭，他想做些什么，却又深感战火中个人的渺小和无力。

（三）革故鼎新的序章：经商之路

战争的火焰并没有扑灭祖父的实业热情，漂泊异乡期间，他一直在寻找未来的出路。这一时段曾祖父的去世于他而言是沉重的打击，处理完后事，祖父扛起家庭的重担。

温州形势一有缓和，祖父即从平阳回到温州。因为感觉做丝线辛苦、利润不高，他和朋友合伙开了钱庄。由于时局不稳，民众贫困，欠债不还的人很多，钱庄开了几年也没挣到钱，因此关闭。

1943 年，汪伪政权在上海设立纱布收购处，公布了《收购纱布暂行条例》，强制收购纱布，禁止纱布运往内地。这一政策给温州带来契机，温州成为东南唯一吐纳口岸，内地商人纷纷转道温州，纺织业随之复兴，机位增加，新厂坊大大增多。“至 1945 年，温州大小布厂 39 家，织布机 1725 台，其中动力机 90 台，铁轮机 260 台，人力机 135 台，职工人数达 3152 人，资金总额为 37350 万元法币。”

黄聚发旧店新开，只是仍处战时，五马街的店铺没有续租。

“一条路走不通，还有道路千万条。”商业嗅觉敏锐的祖父此时觅得新商机，从上海回来后，他就察觉黄聚发在染料上有很大一笔开销，而且染料的利润空间比较大。原先丝厂一直从外部购买染料，此时祖父决意自己开办染厂，不仅用于黄聚发的生产，也卖给同行。抗战胜利后，祖父扩大染厂，开启了他全新的经商之路。

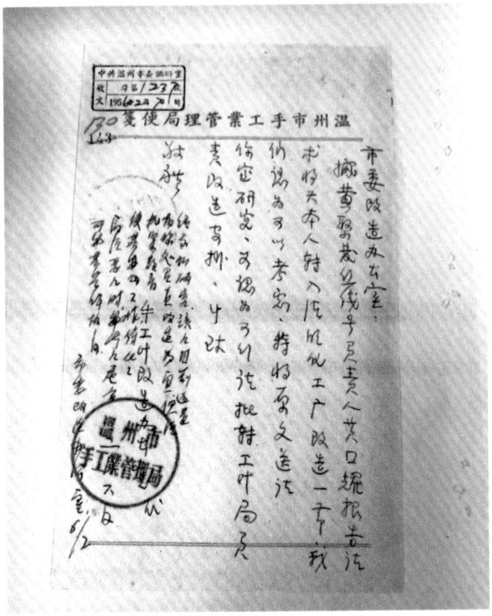
温州市手工業管理局便箋

市委改造办公室：

温州市手工業管理局

《对丝织业黄聚发丝线负责人的批复》
藏于温州市手工业管理局

（四）光荣的改造：公私合营

1949 年温州解放，黄聚发迎来新的春天。1953 年，三大改造在全国如火如荼地开展，温州丝织厂成立，黄聚发的黄氏成员作为私方代表，并入温州丝织厂。虽然染料生意做得很好，但祖父还是积极响应号召，参与公私合营，作为私方代表，进入温州市五金交电化工公司上班。

“你的爷爷很听政府的话，是一位有很高政治觉悟的商人。”进入新单位后，祖父一边工作，一边加强政治学习，力争改掉旧思想。他工作认真、业务能力强，多次得到领导好评，并成为班组的组长。祖父实现了从资本家到工人的光荣改造。

（五）另辟蹊径：改革开放的号角

原以为这样安稳的日子会持续下去，但“文化大革命”打破了这一平静。之后，随着“四人帮”的粉碎，笼罩中国大地的阴云逐渐散去。1978 年，改革开放的春风吹拂着大江南北。当时正值计划经济向市场经济转变阶段，各种物资还很缺乏。针对这一问题，邓小平指出，我们要从总方针来一个调整，先搞那些容易搞、上得快、能赚钱的，减少一些钢铁厂和一些大项目。

祖父抓住机遇，办好提前退休，率先走出体制，开了一家五金商店。由于商店货物充足，祖父又可以按照采购人员的要求送货上门，送货区域涵盖温州大部分地区，很快生意兴旺，祖父挣得了第一桶金。

20 世纪 80 年代，国家落实土地归还政策，政府认为祖父一家是合法的工商业者，因而将归为国有的房子、土地全部归还黄家。同时，“中共中央还认真地解决了国内政治关系中遗留下来的一系列问题，……宣布原工商业者已经改造为社会主义劳动者，并把原为劳动者的小商贩手工业者，从过去笼统判定的资产阶级工商业者中区别出来。”[1]

祖父在追求梦想的道路上，又找回了年轻时创业的意气风发。

（六）褪色的招牌：留给家族的余响

最终，祖父的五金店没有做大。一方面，市场经济进一步发展，弥补了初期物资匮乏的问题，五金店越开越多，利润随之下降。另一方面，祖父年事已高，包括父亲在内的三个子女都上了大学，进入各个单位上班，五金店后继无人。祖父便转让店面，在嘉会里巷 81 号与祖母享受天伦之乐。抱得最后一个孙女后，2006 年，祖父与世长辞，留下这一部曲折的实业史。至此，家族的实业梦暂时画上句号。

三、结语

改变自身命、改变家乡命、改变国家命，实业人的家国情怀正是在栉风沐雨中成长，在逢机遘会中壮大。不论是 20 世纪初期的初创，还是勇闯上海滩的惊人胆略，从公私合营的积极响应，再到改革开放的重响号召，以曾祖父和祖父为代表，温州人的实业脚步永不停息，实业精神薪火相传……

一、历史的温情与记忆

这次写作活动于我而言，是一次别开生面的体验。

① 金春明：《中华人民共和国简史》中共党史出版社，2008 年。

记忆断层的最悲哀之处，不是遗忘，而是不曾知晓。一开始父亲只告知了“黄聚发”的大致发展历程，当我深究时，才得知原来祖父在改革开放时还曾再创业。我幼年时，祖父去世，他和曾祖父的过往到父亲这一辈就已模糊，而到我这一代近于淡忘。我曾试想，我的下一辈是否还会有曾祖父和祖父的印象，他们是否记得这两位家族事业开拓者波澜壮阔的一生？

我向父亲、大姑和远房表亲询问有关曾祖父和祖父的家庭记忆后，逐渐拼凑起散落各处的零落记忆，勾勒出未曾谋面的曾祖父的形象，回忆起渐渐模糊的祖父的音容笑貌。当我写完曾祖父故事的最后一笔，一时感触良多。

这是历史的温情，是一种避免遗忘的记录，是一种亲情的再回归。

二、磕磕绊绊中的前进

这次探究过程可谓辗转曲折。

首先，最大的问题是“黄聚发”事业的亲历者，绝大多数已不在人世，只留下年事已高、记忆严重衰退的四爷爷。

其次，原以为公私合营时期，黄聚发并入的温州丝织厂会有相关资料，但了解得知，温州丝织厂因经营不善，十多年前就已倒闭。

史料搜集的过程一开始并不顺利。

我决定先进行实地调查，重走祖辈的遗迹，看能否获得一些启发。走访黄聚发店铺旧址时，我见到一位有些面熟的邻居奶奶，向她询问相关历史，她的记忆和我父亲类似，从口述历史中找到新史料可谓艰难。

我再次走入嘉会里巷81号祖父母的旧宅，水泥门梁上的空鸟笼、与邻居合用的石凳、祖父最早的住房，在一个世纪前那是丝线店铺、缫丝作坊，如今高大的祖宅门口已挂上“温州市历史建筑”的标牌。我突然意识到作为后辈，我有一种义务，完成他们的故事，让他们的故事能够流传后人。

之后，我将突破口放在文字史料的搜集上。这一过程中，我学会了如何

我对嘉会里巷邻居奶奶的走访
摄于2020年7月31日

用中国知网查找文献，但庞大的数据库难觅黄聚发的任何踪影。于是，我前往温州市档案馆。查询曾祖父的名字没有结果，祖父的名字除了同名的人，只有一份1989年粮食管理局的粮食供应分户清册。

我并没有放弃，继续寻找，当温州市手工业管理局对黄聚发负责人的批复文件出现在我眼前，我如获至宝。

档案馆只能根据条目查找文件，我很好奇公私合营时代的温州会如何开展。结果，光目录就有24页，资料太多无从入手，我一时不知所措。幸好，我的指导师陈只信老师给予我诸多帮助，他教会我确定主题、寻找关键词，从而分辨出需要的史料。我筛选出十多份文件，请求工作人员帮我调档。四本厚重的历史档案放在面前，我在泛黄的纸张中一页页翻动，《关于在温州区国营、公营、公私合营工厂组织劳动竞赛、进行生产改革的计划》《温州市地方国营、公私合营工厂情况报告》……我仿佛回到了那个朝气蓬勃的年代，这是一种亲触历史的独特体验。

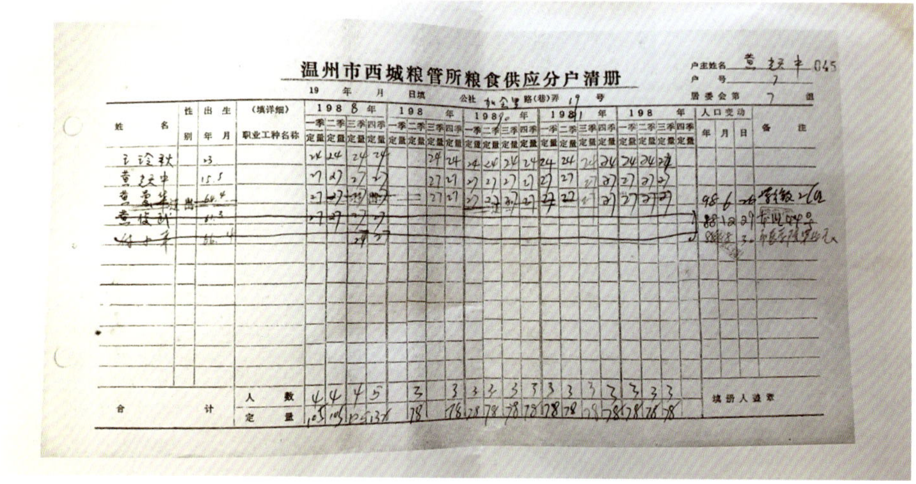
温州市西城粮管所粮食供应分户清册

户主姓名

户号

居委会第 组

19 年 月 日填 公社 路（巷）弄 号

姓名 | 性别 | 出生年月 | （填详细）职业工种名称 | 198 年 一季 二季 三季 四季 定量 | 人口变动 年 月 日 | 备注

合计 人数 定量

填册人盖章

温州市西城粮管所粮食供应分户清册

将资料拍照记录，其后的文件研究也算不上轻松。20 世纪 50 年代的文件，就算是友善的印刷体，仍是让我看得极为痛苦的竖排繁体字，为了攻克这一难关，我甚至买了一本繁体字字典。事后看来这都非常值得，对于我能了解当时社会的大环境，大有裨益。

下一步我便着手了解更多的时代风貌，其间，8 月 4 日台风“黑格比”登陆温州，温州图书馆闭馆，我有些心急，经由同学帮助，我打开了数字资源的大门。在多次搜索关键词失败后，我尝试在温州图书馆购买的数据库中找寻更多资料，终于发现“晚清民国期刊全文数据库”，在这里我查询到《抗战中民族工业的出路》《论抗战时期的民族工业》等文章，它们与温州档案馆的官方文档不同，多为时局的描述与分析，我从中可以看到那时中国社会的浮光掠影。

历经种种，我的思路终于拨云见日，我庆幸自己没有在任何一个艰难时刻放弃。

总而言之，这次活动训练了我主动调动探究的能力，这是我历史入门的一个过程，不知不觉我读下了之前望而生畏的竖排繁体文件，尝试探究我曾认为最难懂的中国近代史；我学会了将历史上的大事件与家族的历史相关联，从小家庭与个人的变迁，看到大社会的变化。这是对我行文与书写的锻炼，对我思维能力的提升，也是对我未来人生的重要启迪。

我在温州市档案馆查阅文件
摄于 2020 年 7 月 31 日

一波三折
——一个铁匠的人生选择

温州中学 2022 届　蔡骐泽

物品承载着历史的印记，从一张老照片、一份报纸、一条橡皮艇里看到的是外公人生的三次选择，有被动，有主动，更有顺时而动。这种坚守内心的声音，我听到，也想让周围人听到。

一、一张老照片

外公的床头柜里，常年摆着一本旧相册，里面的照片多是黑白的，泛着经年累月的黄晕，或是家人合照，或是山水名胜，或是好友相聚……

外公年轻时的照片

其中一张证件照颇为有趣，那时的外公青涩、清瘦，眉眼间依稀可见现今的模样。同照片放在一起的，还有一个斑驳的照片套，上书“乐成照相馆”“11 月 30 日取”，分明是当年的式样。我经不住好奇，问起外公珍藏这证件照的用意。外公见了这照片也是明显一愣，随后眼底的慈祥化作追忆的柔情。

（一）初入工厂

恰如照片袋上所书，外公的故事，始于 1971 年 11 月 30 日。

1971 年的冬天仍那么寒冷，“文化大革命”的疑云笼罩在小城镇铅灰色的天空上。22 岁年轻的心并没有因此冰封，它跃动着，希冀着未来，然而，却被一盆冷水彻头彻尾地浇醒。

“徐——艳——球？嗯……”目光里有估量和好奇，伴着一丝惋惜，“只能是锻工了。”

厂子的领导背着手，大摇大摆地走了。外公呆立在原地，心一下子沉下去——锻工是厂里最苦最累的工种。

他想起两年前一个愁云惨淡的冬日。那时候，支边活动正轰轰烈烈地开展，每家都必须派一个孩子“到祖国最需要的地方去”。外公是家中次子，自小身体羸弱，初中毕业时体重甚至不足 60 斤。外太公实在舍不得，也不放心瘦小的儿子去北大荒吃苦，便在尿检时悄悄做了手脚，借来肾病病人的血尿瞒天过海。

“病人”形象带来的是两年后招工进厂的烦琐程序，足足体检了三次，外公才赶上进厂的“末班车”。此时主动选择的时机已过，只有锻工车间可以发挥外公的“健康”了。

锻工，顾名思义就是锻造工件毛坯的技术工人。外公明白，成为锻工，意味着骄阳八月仍需在桑拿房般的蒸汽炉旁锻造，意味着每天千百次抡锤打铁的机械性重复劳作，意味着烟尘对脏器的长期浸损。其间辛苦，是下游工序所不能比拟的。因此只要有选择，没人愿意来当锻工。想到未来的每一天都必须笼罩在被烟尘统治的车间，外公急得一拳捶在灰土墙上。粗粝的墙体砸得拳头渗血，却也砸得外公头脑清醒了些：“我还年轻，锻工的苦也是暂时的。今后的选择还多着呢，何苦愁这一时？”他扬起唇角，望着似乎澄明一些的天空，目光直投向遥远的将来。

1971 年 11 月 30 日，外公正式进入乐清县模具厂，成为一名锻工。而那张让我无限好奇的证件照，便是为了进厂而拍的。

就这样，高负荷的工作和年轻人的斗志野心展开了旷日持久的较量。日日夜夜，钢铁熔炉的蒸汽模糊了他的视线，重复的劳作湿透了他的背心短裤。动辄有检查组严格巡查，绝不容松懈。中午歇息时，茶缸空了又满，满了又空。

过度劳累和严苛的环境使得很多工友患肝病调离车间，外公却在平凡的岗位上坚持着。1971 年冬天，“投机倒把”“割资本主义尾巴”等一系列政治性术语反复被提及，工厂的经营套上了更沉重的枷锁，外部的政治斗争云谲波诡。但外公不管那些，只一心扎进他的烈火熔炉。他早就不再对当初的分配留有遗憾或心存怨怼，在看似枯燥的日子里他逐渐领悟“锻铁的生涯只要用心，一样也可风生水起”。凭借出色的手指估量和心算能力，外公可以较准确地估算出一块铁块、钢板的产量，这是那个时代工人中少有的素养，也为他日后的发展奠定了基础。

在艰苦的环境里，外公飞速地成长着。

（二）小试“倒卖”

1975 年，中央重申了在 20 世纪全面实现工业现代化的宏伟目标，重点抓起了钢铁工业，这对厂子而言无疑是好事。与此同时，一些有远见、有技术的工人率先抓住时代风向，在计划经济的大背景下搞起了私人承包。解放后潜行在国家经济体制边缘或之外的温州个体私营经济，虽步履艰难，却一直或明或暗地发展着，积蓄着它的力量。外公也不例外。

外公的手拿惯了锻铁锤，骤然闲下来总归是不适应。他勤恳的个性和对自我的高要求催着他去寻些工作，终于他从不起眼的钩钉中赚到了第一桶金。清江造船厂看中外公的勤劳踏实和过硬技术，将钩钉的生产承包给了外公。就这样，外公从工友那里以每斤 0.5 元的低廉价格收购钩钉，转手再以 1.2 元一斤的价格卖给桥梁建筑队。那个疑云重重、形势不甚明朗的春天，外公和工友们在停滞的车间中兀自加紧生产，欢乐的蒸汽从破旧的小车间升起，奔向云霄，奔向未知却隐隐透着光亮的新时代。

在那个充满干劲的春天，外公和他的工友们一共打制了两吨钩钉。外公也赚到了 1400 元“巨款”，那是厚厚的一摞十块头，一想到这里外公就兴奋得睡不着觉。要知道，原来外公的一月工资不过 36 元。这些钞票渗着年轻锻工们的汗雨，握在手里沉甸甸的，脏兮兮、滑腻腻，可是踏实。揽下钩钉生意前，外公还是有些顾虑的，如今现钱捏在手里，摸得到纹路，嗅得见腥味，真实感、幸福感便渐渐充盈外公的心房。

似是上天对他不懈坚持与热爱的褒奖，在进厂的第五个年头，外公终于在物质上有了些许丰盈，也隐隐预示着他未来的发展方向。

不久后，困境重重的工厂终于闭上了铅色的大门，大烟囱终于冷寂下来，那缕飘飘忽忽的蒸汽分散成几小股，散进大杂院里，散进青石板的古老巷弄里。

厂子散了，外公锻造、贩卖的生涯却并未停止。先前卖钩钉的成功经验，让外公的胆子更大了一些。这一次，他将目光投向了闲置的钢筋。早年的供给制和平均主义使低价钢筋大量堆在公社里蒙尘，深知铸铁炼钢艰难的外公不忍心铁匠们的辛劳就这样被掩盖。于是，他厚着脸皮敲开一户户农家大门，掀开柴草查看那灰黑色的“机密”。在当时政治形势下，这种行为一不留神就会被扣上投机倒把的帽子。年轻气盛的外公却不管这些，他想着：“物尽其用，有什么不对！”于是，他亲手操持收购、转手、贩卖。

1976 年是政治形势极微妙的一年。邓小平复出后，工业恢复有序生产，乐清县模具厂的烟囱也重新点燃起来，外公又回到工厂。改革的春天，近在眼前。

二、一张报纸

“四人帮”被粉碎、“文革”结束、工业生产逐步走上正轨……诸多变革中, 外公也迎来新的机遇。

那是个普通的夏日午后, 外公像往常一样喝水、歇息, 时不时和工友们打闹玩笑。不知是谁随手给外公递了一张报纸, 外公顺手接过, 漫不经心地浏览。

正是这张报纸, 给了外公又一次选择的机会, 只是这次不再是浪潮推动下的被动选择, 而是与自我有关的主动选择。因而更纠结, 更迷茫, 最后的决定, 也就更坚定。

那篇报道主题为择优推荐工农兵上大学。①

外公的技术在厂里数一数二, 这个大学名额基本就是给他的。他紧攥着那张报纸, 睁大眼睛, 将报道读了一遍又一遍, 像是要把铅字都咽进肚里似的, 手指也被铅灰磨得发黑。

几行短短的报道竟有如此强大的魔力, 在外公心里种下种子。那天下午, 外公第一次心不在焉, 以致下锤没轻没重, 好几次都砸偏了。工友们都奇怪道:“阿球, 你今天怎么了? 用心点啊! ”

外公静不下来, 内心的纠缠和车间里的燥热联合出击, 几乎要将他淹

---

① 乐清市地方史编纂委员会编:《乐清县志》, 中华书局, 2000, 第 865 页。(因外公年老, 报纸的具体名称和日期都已无法回溯, 故查阅《乐清县志》记载为参考)

没。他对学校一直是有所执念的，初中毕业就赶上“文革”没能上高中，更不用说大学了，这对当时品学兼优的他来说一直是遗憾。外公热爱读书，闲暇的时候，他常一个人写写算算，或是翻出中学的课本找找当年的难题挑战自己。

现在，重返校园的机会就在眼前。

凉风吹拂小镇，吹远了烟囱上的烟气，吹得年轻人的心绪直飘向省会杭州。他想着很快就能改变命运，很快就能走进纯洁的象牙塔……

外公揣着一肚子心事回到家中，外婆早已备下热气腾腾的饭菜，简单而温馨。吃不了几口，外公放下筷子，望向外婆，踌躇着开了口。

“厂里有个上大学的名额。”

外婆手中的筷子停住了，箸尖不由自主地颤了颤。

“我想……”

“想去就去吧，机会难得呢，家里有我，你别担心。”外婆轻轻打断了外公的话，之后便是两人长久的沉默。是夜，外公辗转难眠，闭上眼全是杭城的桂影，睁开眼是外婆恬静的睡颜。他翻身下床，信步走入小院，随意坐在石阶上，拈几茎荒草，望天幕上疏星如坠。一边是刚刚组建的小家庭和刚有起色的事业，一边是向往已久的大学，外公纠结得几乎要拈着手边的草叶。

不知何时，一件外套披在外公身上，披外套的人未置一言，又轻手轻脚地离开了。

外公将外套裹紧，天光微明时，他的心中已有了决定。

大学名额最终给了一位年轻工人，送行那天，大家例行拍照，外公在人丛中笑着，笑容中满是坚定。桂花的香气消散在风里，象牙塔也化为流沙，只留下一个不再迷茫的铁匠。

锻铁的生活还在继续，在此期间，外公还在工友的帮助下自学车床操作。

1978 年 12 月十一届三中全会召开，全党全国工作的重心转移到了社会主义现代化建设上来，中国进入改革开放的新时期。紧接着，工厂奖金制度建立，“交够国家的，留足集体的，剩下都是自己的”。乐清市模具厂也积极响应号召，工人们的干劲更足了，工厂内外一片欣欣向荣景象，铁水在工业的脉搏里欢快地流淌着。

时间转眼到了 1980 年春天，工厂的声誉和实力随着工人们的努力节节蹿高，很快，厂子接到了一笔大业务。在半年试验后，工厂成功实现新产品的大规模投产。一批又一批高质量产品销售出去，一笔笔货款流入工厂，又化为奖金装入每个工人口袋。最红火的时候，工人一个月的奖金是工资的 20 倍，钱袋子鼓了，工人们脸上的笑容也绽开了。

可外公却笑不出来，家里碰到了困境。由于舅舅出生，外公家“超生”了，虽然没有被工厂开除，但在人人加薪的时代，外公的薪水只能原地踏步。肩不能挑、手不能提的女工们每月尚有 42 元工资，勤劳又能干的外公却仍只有 36 元。奖金按工资基数分配的方式又使差距进一步扩大。再加上儿子、女儿年幼、妻子体弱，他是全家唯一的劳动力……家庭的重担使他倍感压力。舅舅的出生，让本就拮据的小家雪上加霜。

这年夏天骄阳似火，撩拨着外公内心的焦躁。回想起在工厂里的十年，有梦想也曾失望，有信仰也偶迷茫，有友谊也常惆怅……百般滋味，酸甜苦辣。可体验的，都已亲历；磨砺的技术，愈发精湛。在经济、未来发展的双重考量下，外公惊醒：此时离开，大概是最好的选择吧！

30 岁出头的年纪还远不足以磨平外公的锐气和傲气。他心意已决，更何况面前是一个遍地是机遇的时代！

7 月蝉鸣，外公离开了乐清县模具厂。

三、一条橡皮艇

20 世纪 80 年代，“以计划经济为主，市场调节为辅”的经济体制改革口号被正式提出，以家庭工业为基础的“温州模式”引起普遍关注。乐清是温州模式的发祥地之一，家庭小作坊遍地开花。积极顺应时代的外公也投身私营经济的浪潮中。

（一）走向私营

离开模具厂后，外公在迷茫中做了多种尝试。他先是在私营作坊南草垟捕捞厂打工，又试着加入百万业务员大军，为自己招揽工程，但这些尝试都以失败告终。之后，外公从自办私营作坊开始，摸索新的发展方向。他先是在自家小院里支起车床加工零件，在客户群体壮大、稳定后，图谋新的发展。随着乐清人民生活水平的提高，越来越多的人对自家住宅进行翻新、装修。外公注意到这一点，将目光落在铁艺门窗上。生意甚是红火，没几年，他就开起了乐清第一家铁门店。到 1989 年，外公的铁门店已有十来个工人、学徒。那时候，外公腰间别着 BP 机，手拿大哥大，每天神气地走在各个工地上。

外公凭着一腔赤诚、热爱，在创业道路上达到新的人生高度。

（二）苏联纪行

1989 年 5 月，中苏关系重新恢复正常化，两国间的贸易往来日渐频繁。这一时段，苏联内部政局动荡、生活物资严重缺乏。此种形势下，一些温州商人嗅到了机会，成为早期的“国际倒爷”。“倒爷”主要从国内手拎肩扛

由外公制作的铁门，至今仍在使用中

一些俄罗斯急缺的轻工业品，销售给当地人后返回国内，货物交换主要是以物换物，三吨黄豆就可换到一辆挖掘机。

“倒爷”人群不断发展扩大，甚至出现了“倒爷”体验旅游。1991 年冬天，苏联行将解体之际，外公参加乐清县工会组织的旅行团，以考察的名义去俄罗斯当了一回“倒爷”。

临行前，工会给每一位旅行者发放 20 套单价 40 元的运动服，作为以物换物的基础。列车一路向北，整整 56 个小时后一行人到达黑龙江，又换乘 9 个小时的汽车来到中俄边境——黑河，对面就是神秘的“布尔什维克”的故乡。

初到苏联，外公东瞧瞧西看看，见什么都新鲜。路上遇见高个子苏联人也要合个影，看见古怪的食物诸如“烤蟋蟀”也要买几串。第一口伏特加入口微辣呛鼻，呛得大家连连咳嗽，纷纷相互拍着背，比较着说还是自家的温黄酒好……苏联的新奇万千，也没让外公迷了眼，他仍记得此行的主要任务——以物易物。

有些苏联商人也不温良忠厚。刚开始交换时，他们瞧着外公面生，俄语蹩脚，一看就是个生手，就偷偷在“物物两清”时做手脚。譬如在收运动服时，悄悄“眯掉”一条裤子在柜台里，推说外公没给够；譬如欺负外公不了解市场价，借机提高交换条件；譬如在交接时以次充好……加上莫斯科的严寒，饮食不习惯、语言不通，这场“倒爷”旅行也实是辛苦。

尽管如此，作为一个业余“倒爷”，外公也换来不少新奇玩意：两个会跳舞的机器人、五枝珍贵的羚羊角、一架军用望远镜，最大件也最贵重的当属一艘军用充气橡皮艇，用了 8 套运动服才换到。橡皮艇大到可以坐下 6

外公从苏联带回的单筒望远镜

外公在苏联

个孩子，料子又厚又结实，甚至还有两层充气系统，即使一层被扎破也不会沉没。回到家后，这艘本该载满战士在丛林里穿行的军艇，却载着孩子们漂荡在宁静的小河塘，充满魔幻现实的色彩。

“倒爷”经历后，外公还是继续铁门生意。经历了多年的拼搏，外公骨子里仍是那个纯净勤恳的铁匠，但求一颗匠心将铁器打磨完满，便不再奢求什么了。

从 1971 年到 1991 年，经历整整 20 年拼搏，外公有了一个美满的家庭，有一间属于自己的店面，有了市面上的好口碑和源源不断的学徒、工人，有了些许积蓄，更是有了自由旅行、随性生活的底气。

三、尾声

此后，外公一直安安稳稳地经营着他的小店面，直到 2008 年才因年龄原因将铺面转让，过上退休生活。

如今的外公和其他老年人没什么区别：打球游泳、遛鸟登山、闲坐胡侃……只有肌肉的轮廓和烫伤的疤痕，仍在显示着这具年迈的身躯曾经有过的峥嵘岁月。属于他的时代已成了他人笔尖的记忆，而主人公仍在那里，信手指点，字里句外皆是暗涌的风云。

对于自己的经历，外公的感触简简单单：“不过是赶上了好时候，自己活跃些，多考虑些，事情也就成了。脑子活络些，手脚勤快些，无论哪个职业都可以登顶，铁匠技工什么的，也不比文书领导差的。”说罢，年迈的铁匠又靠回躺椅上，不再置一词。历史是现在与过去间的无尽对话，其中饱含后人的思考和评判，至于那些明褒暗贬、语底波澜，都已与亲历者无关。

初定主题时，我是犹豫的。外公这一素材的影响力实在太小，不足以支撑我对“大历史”概念的界定与理解。然而，当我阅读、搜集资料、进行访谈，乃至整理资料后，才逐渐意识到，历史本就是由无数看似微不足道的“细胞”构成的。历史不仅是帝王将相纵横捭阖的历史，更是芸芸众生不断呐喊与奋斗的历史。无数人用自己的平凡创造着社会的不凡，这恰恰是大众历史的底蕴所在。于是，在文章的修改过程中，我装上“显微镜头”，将一个平凡的细胞置于温州改革开放这段历史的中心，观察它成长、迷惘、挣扎、成熟直至安定的过程。在我的镜头里，这个细胞给整个有机体以支持，有机体也对细胞进行不断的选择与扶持。历史是迷人的，对历史的记录亦然，这种迷人正是在于史学的普适而不普通——外公不只是时代中的一个小人物，他身上折射着那个时代的抗争与探索。这段经历不仅是漫长人生的一个片段，更是一种时代留给个人的烙印，个人绽放在时代的标记。

诚然，外公的经历于我而言，是陌生且异时空的。当我试图通过唤醒外公的记忆，营造“此情此景”时，亲历者因“身在此山中”的局限语焉不详，难以完全成功实现历史意识的时空跨越。庆幸的是，时间流逝的同时，也留下不同时空能共享的实物和文字资料，比如做“倒爷”带回来的单筒望远镜、外公打制的菜刀等，唤醒了外公沉睡的记忆，也成就文章的严谨。

历史是一条永远流动的长河，当我按照时间顺序整理外公的这段经历，猛然意识到本文其实暗含着主线，即“选择”。外公个人的心境变化与目标更改很大程度上是由于主体的无意识，在异时空综观，才能意识到这些选择之间的关联：从被动选择到主动选择，再到顺势而动。何兆武曾说，“历史所描绘的那条轨迹，永远是游走于必然和自由之间的”。这份必然，给历史以沉郁稳重的基调；而自由，又使个人选择照亮历史的空间。

历史不只有埋首于故纸堆的书斋研磨，更有驰骋于沙场开疆拓土的自由突破，当我们从新的参考系、新的视角出发，接纳新的解释，历史便被赋予新的生命力。我相信，这便是新时期一名历史学习者的使命！

“温州瓦特”的实业兴邦路
——外曾祖父与民族工业的不解之缘

温州中学 2021 级　王泓哲

一架老旧的弹棉机静静地躺在温州博物馆昏黄的灯光下，木质外壳于岁月的侵蚀中早已失去原本的光泽，也似乎淡忘了昔日的荣光。来往的观者或驻足片刻，或匆匆瞥过，却无一人曾聆听它对过往的绵长叹息。

但我却听得分外真切。这叹息中，流淌的是我们家族记忆延续的血脉，承载的是一个赓续百年的实业之梦。翻开泛黄的书页，我似乎能看到我的外曾祖父李毓蒙发明这台弹棉机时的忙碌身影，触摸到历史长河中属于我们家族的一隅记忆。

一、初试牛刀：不甘平庸的小裁缝

光绪十七年（1891）十月，我的外曾祖父李毓蒙出生在瑞安县东山乡车头村的一户贫苦农家。此时距1876年中英签订《烟台条约》，温州开埠已有十余年，瓯越之地延续千年的社会文化正遭受着西方文明的巨大冲击。

1893年，李毓蒙之父染霍乱病故，母亲只得到瑞安县城项调甫家做佣人。1902年，外曾祖父进入项家私塾读书。私塾开明的蒙馆老师受新思潮影响，常将有关西方的译文书报、科学史略等读物拿给学生阅读，年幼的外

瑞安东山乡外曾祖父故居

曾祖父对瓦特、爱迪生等科学家留下了深刻印象，热爱科学、动手发明的精神第一次熏陶了这名少年。

但是，寄人篱下的外曾祖父仅读了两年私塾，便不得已退学帮母亲干活。在烦琐沉重的劳动中，外曾祖父体味到生活的艰辛，改变自己命运的种子在他的心中发芽。

13 岁那年，外曾祖父离家当了学徒，跟裁缝师傅朱明来学艺。三年后满师，与挚友林步郎一起做裁缝零工。或许是少时劳动经验给予他的灵感，外曾祖父巧妙地将房椽上龙凤呈祥的图案“嫁接”到嫁衣上，发明了“龙凤盘钮”的新样式，很快风靡瑞安城。

年轻的外曾祖父在同行中崭露头角，他师傅的裁缝生意也红火起来。但是，这名热血青年的目光里，还凝望着更为远大的目标：发明机器，改善乡亲们的生活。

二、不倦奋斗：弹棉机的横空出世

20 世纪初，在列强的商品倾销下，洋布大量抢占温州市场，不断蚕食农村家庭手工业的生存空间。天天和棉布棉线打交道的外曾祖父，忧心于农村土布日益困窘的处境，但也清楚地认识到，农村现有的纺织手段不可能织出像洋布一般细致的布匹，要想纺出细纱，速度则必然慢；要想同时保质保量，就必须改进传统的单锭手工纺纱机。

1908 年，外曾祖父回到东山老家，自己开办起裁缝铺。他白天为顾客裁衣，晚上则努力研发新式纺纱机与棉条机。然而，中国民族工业方才起步，瑞安更是没有一台可供参考的机器。受限匮乏的机械理论知识，他一年多的辛劳尝试接连失败。

外曾祖父心中的信念并未动摇。他决定转换方向，挑战纺织中的必备工序——发明弹松棉花的弹棉机。图稿初步完成后，匮乏的资金又掣肘着他的行动。无奈之下，他卖出自家三亩薄田，又拆下老屋的板壁充作材料，这一系列举动让他和母亲起了矛盾，更招致乡里的非议。

外曾祖父研发弹棉机的意念强烈。他知道，这已经是背水一战，为了不辜负家人的牺牲，减轻乡亲们的劳动，这个发明必须成功。他把工具和材料搬到村外的玉泉寺内，孑身一人制作零部件，为改进设计方案苦思冥想，不知多少次从睡梦中惊起，抓住乍现的灵光修改图纸。

八年韶华已过，凝聚着外曾祖父无数心血、寄托着他无数希冀的弹棉机诞生了。当外曾祖父看到弹棉机里出来的棉花松散均匀、无可挑剔时，当即请来母亲，亲自踩起弹棉机的踏板，蓬松的棉花如白雪般悠扬飘落。母亲的泪水簌簌落下，她为儿子的成功骄傲；外曾祖父也眼含热泪，八年来的

外曾祖父研制的弹棉机样机，摄于瑞安李毓蒙纪念馆

点点曦光，终于在那日汇成了喷薄欲出的朝阳。

弹棉机试制成功的消息如潮水般席卷了东山，玉泉寺日日人声鼎沸，人们纷纷前来观赏这台操作简单、生产高效、前所未有的弹棉机。尚未从激动心情中平复下来的外曾祖父，将第一台样机卖给了文成县大峃镇的一家棉花店，轰动整座山城，被时人誉为“温州瓦特”。

三、曙光初现：春风得意的发明家

这是一条充满坎坷挑战的路，也是一条抓住人生机遇的路，外曾祖父没有停下砥砺前行的脚步。弹棉机研制成功时正值 1916 年，西方列强忙于欧战，民国政府鼓励兴办实业，民族工业迎来了久违的春天。[①] 在时代大潮的推动下，外曾祖父也与兄长李毓芳、旧友林步郎在东山乡车头村创办了“李毓蒙制造棉絮机器厂”，主营弹棉机生产事业。

许多顾客慕名而来，手工制作的弹棉机很快出现供不应求的局面。当时，每台弹棉机需要 360 根齿条，而这些齿条又都是由外曾祖父等人用裁缝剪刀手工制作而成，不仅效率低，且规格不尽相同。为此，他又投身于开齿机的研制，却再次遭到资金不足的困扰。所幸天无绝人之路，瑞安乡绅项骧感动于他不懈奋斗的艰辛历程，慷慨相助八百银圆，让外曾祖父渡过难关。

于充裕资金的支持下，外曾祖父汲取发明弹棉机的经验，很快试制成功铁皮裁条机与脚踏开齿机，工效提高 20 多倍，弹棉机质量得到保障，生产量也从年产几台跃增为年产几十台。顾客纷至沓来，外曾祖父还清债务，

① 李侃:《中国近代史 1840—1919》，中华书局，1994 年，第 261 页。

赚到了人生的第一桶金。

1917 年，外曾祖父正式将生产的弹棉机命名为“双麒麟”牌。两只奔腾的麒麟喷吐火焰，熊熊燃烧的是他欲闯出一番天地的雄心壮志。1921 年，随着北洋政府保护企业专利的法案陆续出台，[①] 外曾祖父加紧步伐，做好为弹棉机申请专卖权和商标注册的准备工作，次年即远赴北京申报。他乡遇故知，当时已任北洋政府财政部次长的项骧再次出手相助，外曾祖父的申请很快得到批准，成为浙南地区最早注册的商标。

载誉归来后，“双麒麟”牌弹棉机一炮打响，外曾祖父的事业愈发红火。1922 年，瑞安“李毓蒙制造棉絮机器厂”工人已发展到 50 余人，年产弹棉机 200 多台。1925 年，他筹资 10000 元，在温州市区小南门外开办“毓蒙铁工厂”，厂房占地 2000 平方米，工人达 100 人，除弹棉机外还生产

“双麒麟”牌商标图样

① 佘华阳:《北洋政府时期专利立法研究》，安徽大学硕士学位论文，2019 年，第 21 页。

毓蒙铁工厂原址，现已改造

打面、锯板等机器。[1] 这一时段，浙南地区市场也趋于饱和。踌躇满志的外曾祖父已不再满足于温州一隅，他决心向更为广阔的市场发出进军号角。

四、雾里看花：上海滩的商界风云

20 世纪 20 年代的上海滩，中外文化在此碰撞融合，诞生了近代中国最为繁荣的商业巨埠，外曾祖父开拓外地市场的第一步在此踏下。

上海毗邻远近闻名的纺织中心苏锡常地区，外曾祖父欲借助这块商业跳板，来深耕长江下游市场。1924 年，“双麒麟”牌弹棉机获“上海

① 徐定水：《温州近代民族工业的产生和发展》，《浙江学刊》1992 年第 1 期，第 50 页。

总商会第一次展览会”褒状优等奖章；1926年，弹棉机又获“上海国货展览会”褒状优等奖章。一块块沉甸甸的奖章掷地有声地证明了弹棉机的优良性能，也使外曾祖父在上海找到立足之地。1927年，外曾祖父在上海南市万豫码头64号设立“李毓蒙上海弹棉机发行所”，上海的开拓之路正式起航。

自此，外曾祖父将大把精力投入上海分部的经营中，一边为弹棉机寻求更大的销售市场，一边潜心学习上海先进的机械制造技术，不断开发新产品。

正所谓“树大招风”，步入正轨的弹棉机生意很快遭到他人盗仿。在瑞安，以“华昌”“广华”“庆华”“兴华”为代表的四厂大量仿制“双麒麟”牌弹棉机，先是在温州一带出售，后来竟拓展至杭州、上海等地。虽然这些仿制机器销量远不及正版产品，但外曾祖父真正担忧的是仿制机器参差不齐的质量，日久之后，势必会降低顾客对弹棉机的评价，削弱弹棉机在市场

李毓蒙上海弹棉机发行所旧址

中的竞争力，他的实业兴邦梦或将化为泡影。

为此，外曾祖父再三考虑，并未将各个弹棉机厂“赶尽杀绝”，而是决定把各厂联合起来，统一质量标准和生产销售，避免同行之间的互相倾轧，以求共同发展。

1932 年，外曾祖父回到瑞安东山，召集各弹棉机厂厂主开会，共商“联合”大计。那时的中国尚未形成规范的市场体系，同行之间的“联合统一”着实是一个崭新理念。热火朝天的会议后，次年，一个史无前例的联合体——“毓蒙联华公司”在上海成立。公司设总部和四个分厂，外曾祖父任总经理，各分厂需按公司规定的质量标准生产，再统一由总部销售，以“双麒麟”为商标。联华公司的成立彻底改变了弹棉机行业的混乱局面，外曾祖父带领整个行业，踏上有序发展的正轨。

成功整顿了行业内部的外曾祖父，又注意到我国稻谷脱壳手段十分落后，尽管已存在水轮舂米等手段，却改变不了大量农民与碾米厂人力砻谷的状况。为此，这位“温州瓦特”又投入砻谷机的研制中，机械结构对经验丰富的他来说已不是难题，但砻谷机的关键部件金刚砂盘却已超出机械范畴，是他尚未涉足的领域。

彼时，上海已有进口的金刚砂盘。虽有实物，但其中黏合剂、固化剂的比例却牢牢掌握在外商手中，作为商业机密不向中国人公开。工业的落后不应成为中国被列强进行技术打压的理由，外曾祖父对此义愤填膺，强烈的民族自尊心点燃了他的昂扬斗志，必须啃下这块硬骨头，向所有国人与外商证明中国工业的水准。

既然得不到现成的配方，那么就自己鼓捣出一个配方！外曾祖父耗费诸多心血不断试制，历经无数次尝试，终于成功。实现的那一刻，他一定想起了多年以前弹棉机研发成功时的激扬心绪。随后，他在上海开办金刚砂砻谷厂，产量提高五倍，与弹棉机一道拓开销售局面，也给广大农民带来了许多便利。

五、霞蔚云蒸：燎原各地的工业之火

在毓蒙联华公司的统一领导下，外曾祖父的弹棉机事业如火如荼地发展着。一台台质量过硬的弹棉机于各分厂的生产线上诞生，销往华东各地，但不到一年，又出现了供过于求的局面。

身处上海的外曾祖父溯长江远眺，将开拓市场的下一步瞄准长江中游的江汉平原。由于他承担着维系上海总部运转的重任，实在分身乏术，开辟新市场的重任落在学徒身上。经过一段时间的遴选，外曾祖父物色中了诚恳勤劳的工人林宗城，加上其他两名响应者杨锡霖和张公权。这三名年轻气盛的推销员作为联华公司的“急先锋”，细细考察了湖北一带农村纺织业情况。

三人很快发现，这一带纺织业机械化程度低，弹棉机市场前景广阔。经过讨论，大家一致认为应在“九省通衢”武汉落脚。外曾祖父当即调拨五台弹棉机船运至汉口，并嘱托三名推销员要互相帮扶，为联华公司的发展而努力。林宗城等人牢记叮咛，1934 年于汉阳设立“毓蒙联华公司驻汉弹棉试验所”，大力宣传高效耐用的弹棉机。

1935 年，外曾祖父抽出时间，亲至汉阳，看望弟子之余，决定正式开设“汉阳毓蒙联华分厂”，命林宗城为汉阳分厂负责人。次年，外曾祖父为统筹大局，抽调一批温州铁工厂的技术骨干支援汉阳分厂，大大充实了分厂的人力与技术。鼎盛时，汉阳分厂员工有 120 余人，月产量达 60 余台，

汉阳毓蒙联华分厂旧址

弹棉机逐渐风靡长江中下游地区，外曾祖父的实业兴邦梦似乎不再遥不可及……

六、至暗时刻：抗战烽烟中的实业之路

天有不测风云。1937 年，卢沟桥的炮声揭开了全面抗战的序幕，外曾祖父的实业与中国的民族存亡一并于战争的阴云中风雨飘摇。

8 月 13 日，日军大举进攻上海，无数颗炸弹随战机的轰鸣声落下，所到之处唯存瓦砾、废墟、污血、啼哭。当外曾祖父忧心忡忡地从避难的租界走出，他最坏的设想不幸成为现实——承载他半生心血的毓蒙联华公司已成一片废墟。

外曾祖父震惊了。他颤抖着走到瓦砾堆前，无言地注视着化为乌有的机器设备，两行浊泪从脸颊淌下。

他因日寇的残暴行径而愤懑，为基业的毁于一旦而哭泣。

“毓蒙联华公司”被炸毁、公司所有资产损失，于外曾祖父而言，这是当头一棒。从此，他为铭记这个耻辱的日子蓄起长须，直至抗战胜利。

但无论损失有多么惨重，实业仍需继续。11月，上海沦陷，外曾祖父带着无限遗憾与惆怅回到瑞安东山，15年的闯荡打拼，兜兜转转，终究归于起点。在天津、烟台、上海、厦门等沿海重要港口均已沦陷的大形势下，温州僻处一隅，尚未遭受日军蹂躏，内地生产与所需物资纷纷从温州进出口。[①] 于此背景下，外曾祖父重拾斗志，在21年前“李毓蒙制造棉絮机器厂”的厂房中重设“毓蒙联华总厂”，事业又逐渐有了起色。

1938年初，温州地区的形势也一天天严峻起来。当时的浙江省政府为确保诸工厂不被炸毁，动员一些主要工厂内迁山区，设在温州市区的毓蒙铁工厂也在其列。于是，外曾祖父组织工人将24台大小车床、5台钻床与数十吨生铁装上温州一带特有的“蚱蜢舟”，溯瓯江而上运往丽水云和。[②] 一列列小舟载着笨重的机器慢悠悠地前行。随后，原毓蒙铁工厂的机器与人员并入浙江铁工厂，踊跃支援抗战。

战争的炮火逐渐逼近武汉，1938年5月，武汉当局下令动员居民疏散、工厂迁移，刚成立不久的“汉阳毓蒙联华分厂”又面临要远迁重庆的难关。无奈，汉阳厂负责人林宗城在外曾祖父的指导下分批转运物资。这是

① 徐定水:《抗战时期的温州工商业》,《杭州师范学院学报》1988年第5期，第26页。

② 外祖父口述，2021年10月4日。

瑞安东山乡“毓蒙联华总厂”旧址

一场分秒必争的工业保卫战，从武汉、宜昌到重庆的长江航道上已挤满了装有内迁物资的轮船，经过两个多月的艰苦航程，联华分厂的物资随诸多从长江中下游抢运来的机器一道，悉数抵达人满为患的重庆。适逢重庆市政府发动教师赶制棉衣捐献给前线将士，联华分厂的弹棉机于此紧要关头大放异彩，为教师们加工出几千斤絮棉，解了燃眉之急，也使弹棉机在重庆广为人知。次年，“毓蒙联华重庆分厂”正式设立。

1941 年，抗战已处于艰苦的相持阶段，噩耗再度传来：重庆分厂于日机轰炸中被毁。心灰意冷的林宗城回到瑞安东山将种种困难向外曾祖父汇报，但外曾祖父对坎坷打击已然安之若素。一座工厂被炸毁无妨，大不了再新建一座！于是，外曾祖父决定在交通便利的湖南衡阳再次建厂。林宗城立即奔赴衡阳，建造简易厂房，成立了“毓蒙联华衡阳分厂”。

1942 年 6 月，外曾祖父亲赴衡阳分厂主持工作。鉴于弹棉机于此地备受欢迎，他又分别在湖南湘潭、邵阳、常德、黔阳、零陵、祁阳六地设立六个分厂，一方面避免轰炸造成过大损失，另一方面继续扩大生产，支援抗战前线。同年，丽水沦陷，浙江铁工厂遣散，毓蒙铁工厂也因此长期停工。

1944 年 8 月，豫湘桂战役期间，湘桂铁路沿线相继沦陷，衡阳也在其中。所幸外曾祖父预料到战事吃紧，事先组织设备器材迁往广西宜山。可屋漏偏逢连夜雨，物资运至金城江车站时，因日寇突袭，人员被迫放弃全部物资，退往重庆。其余六地分厂均因未及时转移而损失殆尽。

一年后，抗战胜利的钟声终于敲响。但是，外曾祖父在武汉、重庆、湖南逐步发展起来的基业悉数毁于侵略者的炮火，这是命运对外曾祖父的无情嘲弄，更是他事业的至暗时刻。

七、桃李不言：工业学校的拓荒者

1941 年底，外曾祖父迎来了 50 大寿。在那个战火连天、国家蒙难的时刻，尽管有各地学徒向他祝寿，回想起自己颠沛起伏的半百人生，外曾祖父但觉唏嘘迷茫。已过天命之年，毕生追求的实业兴邦之路，还能否实现？

外曾祖父想到了教育。他要创办一所在浙南大地上从未有过的工业学校，以培养高质量的工业技术人才。他向学徒们写下了一首打油诗："毓蒙颠沛五十春，学校经费时常空。请君稍助一点力，培植人才各为功。"在学徒们的倾心相助与他本人的四处游说下，开办经费终于筹齐。1942 年春，"私立毓蒙工业职业中学"终于在瑞安东山诞生。学校课程除普通中学的文、体、数、理、化等学科外，还根据机械制造需要增设了机械学、机械制图、工业材料等学科，聘请经验丰富的工匠负责实践示范。[1]

① 尹清杰：《李毓蒙与浙南职业技术教育》，《浙江工贸职业技术学院学报》2013 年第 1 期，第 21 页。

学校刚一落成，学生纷至沓来，招生名额即满。国难当头，学校经费紧张，外曾祖父只能依靠当时衡阳分厂的收入勉强维持。可两年后，衡阳分厂

外曾祖父五十岁像

被毁，经济来源彻底断绝。于此山穷水尽的境况下，温州市区的商界贤达余毅夫向外曾祖父伸出援手，学校暂时度过困境。1946 年，工业职业中学迁至鹿城太平寺，外曾祖父继续担任校长。1947 年，学校改称“浙江省立温州高级工业学校”，增设高级机械科学系。1955 年，学校迁往杭州，并入浙江化工学院，成为浙江工业大学的前身之一。在十余载的光阴里，外曾祖父

毓蒙工业职业中学旧址

温州铁工厂原址，现已改造

的工业职业学校培养了数以千计的一线技术人才，于各自岗位上发光发热，外曾祖父也成为中国职业教育的拓荒者，他的实业之梦，有更多的后来者薪火相传……

八、改弦更张：振兴工业的康庄大道

抗战胜利后，外曾祖父再次面临一无所有、白手起家的考验。无奈，他回到创业的得意之地上海，原有的“上海弹棉机发行所”又艰难运转起来。然而，外曾祖父年事已高，国家经济又在内战的炮声中持续低迷，他的实业之路，再次来到了十字路口。

1949年，上海、温州相继解放，外曾祖父隐约感到事业又将迎来春天。1953年，“一化三改”在全国如火如荼地进行，温州的私营工商业改造亦有序开展，毓蒙铁工厂先行和其他六厂组成“温州机械行业第二联营”。可董事长一职，又该由谁担任？

众人不约而同地想到德高望重的外曾祖父。1954 年末，在第二联营党支部书记叶克洛的力邀下，外曾祖父由沪返温，担任董事长之职。1956 年，温州实现机械行业的全行业合营，成立了“公私合营温州铁工厂”，外曾祖父任副董事长。

发展机械工业，使劳苦大众过上安定生活，这是外曾祖父的夙愿。回温之后，他目睹分散的工厂联合起来，生产稳定，技术不断革新。这一切无不是他所盼望的，如今皆已实现，他打心底拥护中国共产党的领导，加强思想学习，常以顺口溜颂扬党的决策，并多次在工厂黑板报上登出。

公私合营时的外曾祖父年逾花甲，副董事长也是个清闲之职，但他仍坚持按时到岗，嘱咐工人们注意生产安全，还念念不忘新工具的研发，亲赴温州郊外大罗山寻找铁矿。

1961 年，70 岁的外曾祖父永远闭上了双眼。直到去世之时，他的衣袋

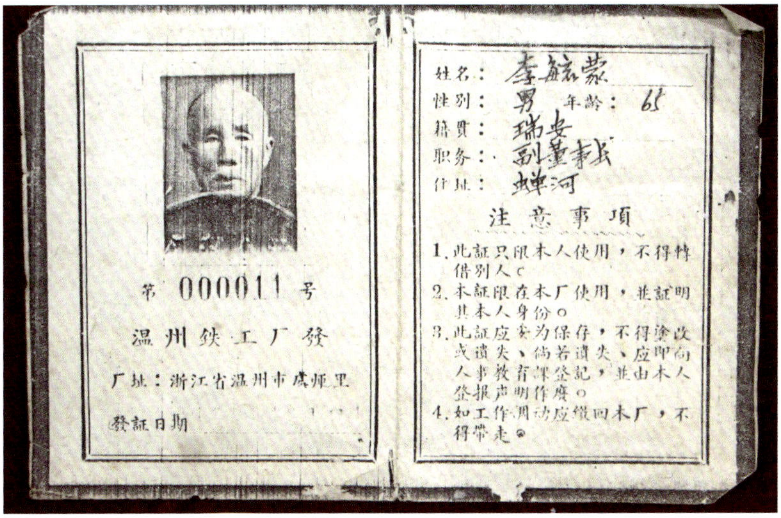

外曾祖父在温州铁工厂的工作证

我对外公的采访，摄于 2021 年 10 月 4 日

里仍装着亲手采得的黄铁矿石……

弥留之际，他的脑海中一定萦绕着 40 多年前发明弹棉机的那个意气风发的青年，那个四处奔波永不言弃的实业家，那个办学育人的工业之梦。

如今，他的实业兴邦路已然告一段落，而他自强不息的实业精神依旧留在那台弹棉机中，陪伴着我们穿过历史长河，穿过艰难险阻，直到梦想的彼方。

一、拾起历史的碎片

自我小时，父母便告诉我，我们家族中曾有一位历史名人——我的外曾祖父李毓蒙。他发明弹棉机的事迹我打小便已熟悉，博物馆里陈列着他发明的弹棉机，小学的地方课程教科书中也叙述了他与弹棉机的往事……

但，这一切的记忆似乎只是将外曾祖父与弹棉机绑定起来，让他成为一个符号化的人物。他与他的弹棉机仿佛被永远定格在那段历史岁月中，后人触及的只是一段段冰冷的文字记述。

我坚信，历史应充满鲜活的温度，伫立在历史长河中的应是一个个有血有肉的人，而非只言片语中拼凑起来的毫无具象化的存在。这次“燕园杯”写作活动，恰为我对外曾祖父故事的重新发掘提供了契机。但探究的过程，可谓磕绊曲折。外曾祖父生于 1891 年，逝世于 1961 年，其经历大部分存在于民国时期，时间久远，许多资料已难查证。外曾祖父的子女中，大部分一时难以联系，只有我的外公居住在温州，也许，他对其父亲还留有些许鲜活记忆。

我参观瑞安李毓蒙纪念馆，摄于 2021 年 11 月 28 日

于是，我决定先对外公进行采访。外公生于1946年，是外曾祖父的幼子，他与外曾祖父相处的时间并不长久，却意外地对许多细节记忆犹新。他向我讲述了许多我闻所未闻的往事，有外曾祖父发明弹棉机的经历，有抗战时外曾祖父的坚守，亦有父子间的温情——那是解放前夕的上海，外曾祖父、曾祖母与年幼的外公坐黄包车过苏州河，因为桥面坡度太大，人力车夫无力蹬车，外曾祖父便让曾祖母和外公坐在车上，自己下车推车上桥。在这座不知名的渡桥上，我听到了外曾祖父温情脉脉的一面。

随后，我和父母一道从温州市区驱车到瑞安的李毓蒙纪念馆搜集实物资料。不大的纪念馆里，记录历史过往的黑白照片、泛黄的书籍、被岁月侵蚀的弹棉机串起了外曾祖父跌宕起伏的一生，让他的形象不再静止，鲜活成特定时代背景下一个为追求实业兴邦夙愿不懈努力的奋斗身影，在中国的土地上刻画出自己人生信条的追梦人。

最后，我将突破口放在文献资料上。登录中国知网，庞大数据库中关于外曾祖父的文献却仅有一条。我决定改变探求方式，检索北洋政府时期温州的民族工商业、抗战时期的温州民族工商业，终于在庞杂的文字中觅得外曾祖父开办工厂的蛛丝马迹。我又着手通过《温州近代史》来全方面认识外曾祖父所处的时代环境，可当我来到温州图书馆，才得知这本书不得外借。无奈，我只得另寻他路，终于经我的初中社会老师介绍，从一位高中历史老师那里借来了这本书。

前期准备工作告一段落，面对外曾祖父波澜起伏的人生历程，我一时难以落笔。所幸，在我的指导师陈只信老师的协助下，我学会了确定主题、拟定大纲、整理年表、提炼契合主题的史料、打磨字句，无数繁杂的文字在眼前逐渐化为一条清晰的时间轴，忠实记录外曾祖父的实业之路。我还根据史料绘制出外曾祖父在全国的工厂分布图、他的工业职业学校搬迁路线图，这些足迹令我仿佛回到那个奏鸣着创业之歌的年代。追溯着外曾祖父的人生轨迹，一块块历史碎片最终拼凑成一幅完整的画卷。

二、触摸历史的温度

外曾祖父与民族工业的渊源，终于在这次活动中被我一一解开。我庆幸于自己没有在任何一个瓶颈与难关前放弃，而是透过近代中国社会的浮光掠影，亲手触摸到外曾祖父尚且温热的创业精神，感怀于他为实业兴邦之梦鞠躬尽瘁的博大胸襟。

在那些阅读繁多史料的日夜里，我也正不知不觉踏入历史探究的大门。于各种资料的收集中，我逐渐学会以于宏观的视野审视外曾祖父的人生抉择，将近代历史中的大事件与他的心境相融合，从外曾祖父人生际遇的流转中窥得时代车轮下社会的变迁。最后，我想以英国历史学家乔治·屈维廉的一句哲言，为这次令我受益匪浅的历史活动作结、为外曾祖父的人生故事作结：“历史不应仅有消除偏见，它还应该孕育热情。”

竹雕
——家族记忆与传承的纽带

温州中学2022届　金墨吟

“金可兴，号奇了，知还居士。美术师、工艺师。现任永嘉县古艺美术雕塑研究所所长，系中国艺术研究院文化美术市场中心创作委员……”[①] 小时候，我偶然翻开爷爷书桌上的《国魂——跨世纪中华兴国精英大典》，赫然发现书中竟有爷爷的名字和照片，于是立刻捧着书跑去找爷爷，爷爷便笑眯眯地逐字逐句向我解释。

那时的我早已知晓爷爷是位受人尊敬的艺术家，他制作的各种竹制玩具，是我童年的重要回忆。长大后，爷爷告诉我竹雕是我们家族传承的纽带，我们家族与竹雕的故事要从很久以前开始……

---

① 李新河：《国魂——跨世纪中华兴国精英大典》，青海人民出版社，1999年，第691页。

一、追根溯源竹雕绽

19 世纪 80 年代，每逢端午节，温州就有在水门头举办“水上台阁”大赛来纪念屈原的习俗。我的高祖父金家钊有一年制作了一艘长 15 米、宽 1.5 米的“水上台阁”，在当地一举成名。彼时，“水上台阁”即是竹雕的重要形式。

此后，我的曾祖父金福荣继承了高祖父的手艺，进入永嘉画帘厂工作，成为永嘉县知名的艺术家。曾祖父富于创新精神，为了响应中央“化害为利，变废为宝”的号召，他将画帘厂的竹丝废角料再利用制成“竹丝盆景”，“竹丝盆景”就此兴起。

后来，随着机械生产发展，手工的“竹丝盆景”逐渐淡出人们视野，工艺有濒临消失的风险，幸而我的爷爷继承这门手艺，在政府的支持下，他为传承竹雕工艺做了众多工作。

二、千锤百炼重拾起

（一）“从娃娃抓起”

我的爷爷叫金可兴，出生于 1952 年，从 6 岁开始就在曾祖父的指导下练习画画。曾祖父认为画画是培育多门技艺的基础，可以提升审美能力、加强对形体结构的捕捉、培养对细节和大局的关注。因而，爷爷自小就擅长竹雕、木刻、泥塑、绸塑、国画、漆画等工艺。尽管出生农村，家庭并不富裕，一家人对爷爷的文化教育却很重视，一直供他读书。

然而 1966 年“文化大革命”突然爆发，教育、文化事业受到极为严重的破坏，年仅 14 岁的爷爷被迫辍学。

既然无法读书，日后的生存便成了一个严峻的问题。对于爷爷的未来，曾祖父和曾祖母有不同见解。曾祖父希望爷爷可以继承他的手艺，继续走艺术道路；曾祖母则认为农民家庭，爷爷是家中长子，理当安守本分，老老实实去种田，毕竟有饭吃才能生存。两人争吵了好多回。爷爷也知道，这事关未来，不能草率。三思之后，爷爷听从内心意愿，选择了接受曾祖父的建议。

如培根所言：“天赋如同自然花木，要用学习修剪。”爷爷聪慧，擅长工艺美术，做好选择后，曾祖父对他要求更高了，譬如一天内若没有画出 20 张国画便不能吃饭；同时爷爷还需要临摹大量的连环画，如中国著名书画家李成勋的《十五贯》。尽管练习枯燥乏味，爷爷却一直坚持。“当一个人一心一意做事情的时候，他就必然会成功。”[①] 爷爷的画技得到越来越多人的赏识，曾祖母也开始支持他的选择。

爷爷告诉我，那时学习国画或练字用的都是废报纸。“报纸多好哇，不需要墨，只要毛笔沾上水就有墨的感觉，更何况报纸晾干还能接着用。不像你们现在，练习都可以用宣纸！”

爷爷说，曾祖父曾有句话让他印象极深：“要学就要学国画，别学民间艺术的画。”后来爷爷才明白，正是由于国画功底，才使他的画风保持一贯的大气、淡雅及韵味，使他对色彩的运用中渗入墨的稳重，在意境的塑造上别有风味，这也奠定了他之后的工艺美术风格。

---

① 爷爷金可兴口述，2020 年 8 月 15 日。

（二）功成名就人称赞

在十余年的绘画和竹雕反复练习中，20 多岁的爷爷技艺渐入佳境。1978 年，曾祖父把一张画有龙头龙尾的台阁手稿展现于爷爷面前，说：“可兴，这是你祖父早年画的手稿，希望你能完美地将它呈现出来。”爷爷看着如此精致的手稿，惊呆了，下定决心将其完成之后，他历时一个多月创作了一座长 90 厘米，宽 30 厘米，高 50 厘米的“迷你台阁”。该作品以竹丝为主料，龙头龙尾由黄杨木雕琢而成，栩栩如生的诸多小人物错落有致地站在离骚阁、问天阁、左徒阁、三闾大夫阁，前后还配有艄公艄婆亭。曾祖父看后很高兴：“好小子，你的技艺大有长进啊。”

1981 年，小有名气的爷爷受邀前往宁夏武当山寿佛寺（当时已是国家重点文物保护单位）制作佛像。当时的寿佛寺住持十分欣赏爷爷的技艺，附近的寺庙也慕名邀请爷爷塑佛，在宁夏的三年，爷爷先后在六七个寺庙工作过，这段经历让爷爷的技艺炉火纯青。

爷爷于 1978 年制做的竹雕盆景《台阁》

宁夏归来后，爷爷曾先后进入永强工艺美术厂、永嘉雕刻厂、永嘉盆景厂、黄田盆景厂、黄田麦秆盆景厂、永嘉工艺美术实验厂等单位工作。其间，爷爷的作品屡屡获奖，并于各地展览。

1984 年，作品“乐观楼”“楼外楼”“西湖十二景”获中国工艺美术公司和中国旅游工艺品总公司产品奖。

1984 年，“国清寺”在日本东京展出获得好评。

1986 年，三件竹雕精品在美国得克萨斯展览会展出。

1990 年，竹雕“平湖秋月”“六和塔”获得温州市工艺新产品一等奖。

1991 年，爷爷创作了一座长 9 米、宽 3 米的樟木雕作品《佛国灵山》，该作品引起强烈社会反响，中央台、浙江台、温州台多次进行专题报道，并于浙江省展览馆展出。1992 年，《佛国灵山》被台商以 18 万元的高价购入。

贷款四万元，
。江北乡水果
信贷支持下，
，已种上黄
、葡萄等5万
提供各种水果

沈利民）

禅宗、雕塑、
一体的大型艺术
灵山”，4月2
展览馆作为期一
它是由永嘉县古
究所金可兴和他
、朱陈华、麻龙
心制作的。
楼国平　摄

媒体对爷爷作品《佛国灵山》的报道

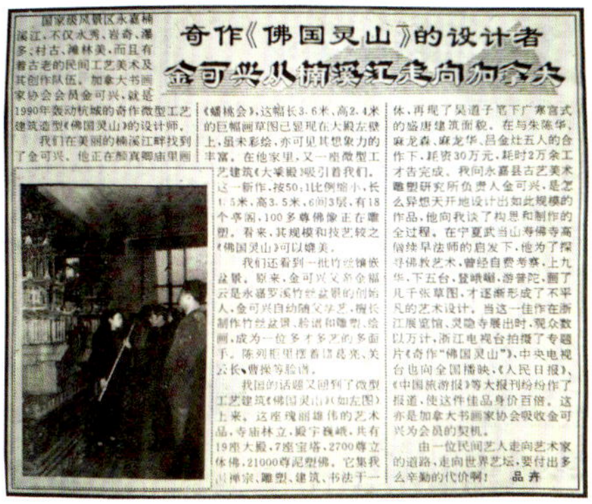

奇作《佛国灵山》的设计者
金可兴从楠溪江走向加拿大

国家级风景区永嘉楠溪江，不仅水秀、岩奇、瀑多；村古、滩林美，而且有着古老的民间工艺美术及其创作队伍。加拿大书画家协会会员金可兴，就是1990年轰动杭城的奇作微型工艺建筑造型《佛国灵山》的设计师。

我们在美丽的楠溪江畔找到了金可兴。他正在颜真卿庙里画《蟠桃会》，这幅长3.6米、高2.4米的巨幅画草图已显现在大殿左壁上，虽未彩绘，亦可见其想象力的丰富。在他家里，又一座微型工艺建筑《大雄殿》吸引着我们。这一新作，按50∶1比例缩小，长1.5米，高3.5米，6间3层，有18个亭阁，100多尊佛像正在雕塑。看来，其规模和技艺较之《佛国灵山》可以媲美。

我们还看到一批竹丝镶嵌盆景。原来，金可兴父亲金福云是永嘉罗溪竹丝盆景的创始人，金可兴自幼随父学艺，擅长制作竹丝盆景、粉塑和雕塑、绘画，成为一位多才多艺的多面手。陈列柜里摆着诸葛亮、关云长、曹操等脸谱。

我们的话题又回到了微型工艺建筑《佛国灵山》（如左图）上来。这座瑰丽雄伟的艺术品，寺庙林立，殿宇巍峨，共有19座大殿，7座宝塔，2700尊立体佛，21000尊泥塑佛。它集我国禅宗、雕塑、建筑、书法于一体，再现了吴道子笔下广寒宫式的盛唐建筑面貌。在与朱陈华、麻龙森、麻龙华、吕金灶五人的合作下，耗资30万元，耗时2万余工才告完成。我问永嘉县古艺美术雕塑研究所负责人金可兴，是怎么异想天开地设计出如此规模的作品，他向我谈了构思和制作的全过程。在宁夏武当山寿佛寺高僧续早法师的启发下，他为了探寻佛教艺术，曾经自费考察，上九华，下五台，登峨嵋，游普陀，画了几千张草图，才逐渐形成了不平凡的艺术设计。当这一佳作在浙江展览馆、灵隐寺展出时，观众数以万计，浙江电视台拍摄了专题片《奇作“佛国灵山”》，中央电视台也向全国播映，《人民日报》、《中国旅游报》等大报刊纷纷作了报道，使这件佳品身价百倍。这亦是加拿大书画家协会吸收金可兴为会员的契机。

由一位民间艺人走向艺术家的道路，走向世界艺坛，要付出多么辛勤的代价啊！　品卉

1996 年，竹雕“虎丘山”在省工艺新产品评比中获得二等奖。

1998 年，爷爷的生平履历被编入大型辞典《中华人物辞海》。

2000 年，爷爷应邀于温州桥头塑颜真卿像，事迹登上《温州时报》。

温州时报 1999年4月9日 星期五 文化村

楠溪江三桥

颜真卿作“看桥人”好不好?

□曹凌云

再现颜真卿

金可兴的雕塑情

□曹凌云 文/摄

金可兴正在制作颜真卿像模型

下里巴人

爷爷塑的颜真卿像以及《温州时报》对他的报道

2006 年 6 月 15 日,《今日永嘉》报道了爷爷的仿古竹雕艺术品,题为《竹子摇身变“青铜”》。

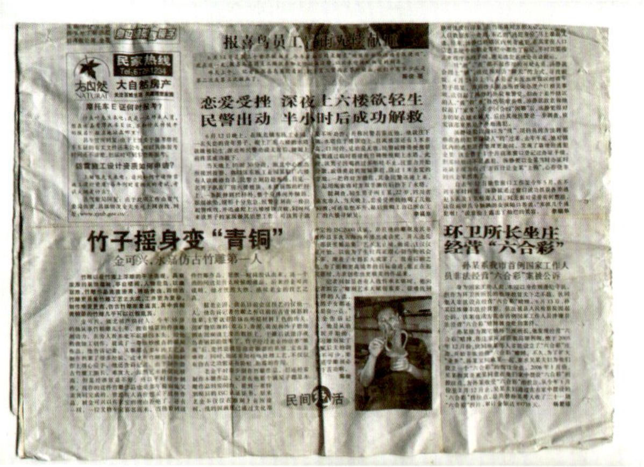

民家热线

大自然房产

恋爱受挫 深夜上六楼欲轻生

民警出动 半小时后成功解救

竹子摇身变“青铜”

金可兴:永嘉仿古竹雕第一人

环卫所长坐庄 经营“六合彩”

民间生活

2006 年《今日永嘉》对爷爷仿古竹雕艺术品的报道

2008 年,竹雕“台阁”在省城展出获得一致好评。

此外，爷爷的作品还被收入温州市博物馆、温州市非遗馆。他的名字与事迹被载入一些大型书籍，如《中国艺术界名人录》《世界名人录》《当代文化卷》《永嘉县县志》《二十世纪著名书画家作品集》《世界华人书画家年鉴》《中国历代书画名家宝典》等。

爷爷不仅在国内受到关注，还获得了一些国际声誉，如曾任加拿大书画家协会会员、法国书画家协会副主席等。

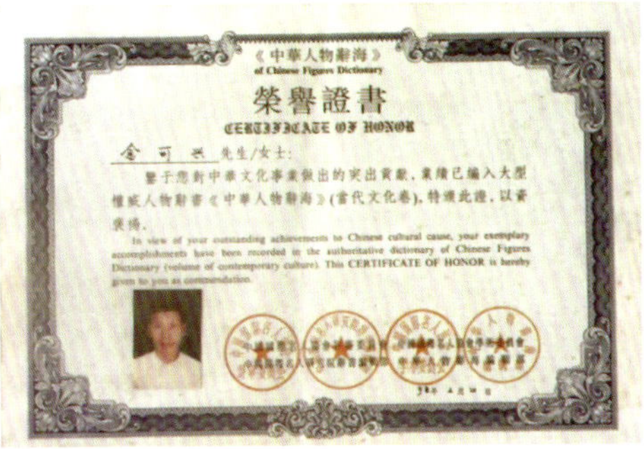

爷爷的作品、传略登上大型书籍以及部分证书

（三）竹雕的春天

21世纪初，市场经济浪潮中，盆景厂由于手工制作周期长、老一辈手工艺人逐渐老去、年轻人技能未能跟上、市场缩小等原因，大面积倒闭停产，因此竹雕盆景有濒临消亡的风险。幸而，国家与政府及时关注竹雕盆景等非物质文化遗产保护问题，并采用了一系列措施。

2004 年 8 月 28 日，中国正式加入联合国《保护非物质文化遗产公约》。

2005 年 3 月 26 日，《国务院办公厅关于加强我国非物质文化遗产保护工作的意见》《国家级非物质文化遗产代表作申报评定暂行办法》公布。

2006 年 11 月，《国家级非物质文化遗产保护与管理暂行办法》出台。

2007 年 2 月，《关于加强老字号非物质文化遗产保护工作的通知》公布。

已过天命之年的爷爷，虽然体力大不如前，但多年的热爱、传承家族技艺的使命感，加上政府的支持，他坚定信心要将竹雕进行到底，利用自身影响力传播竹雕文化。

2009 年元旦，我和哥哥们围坐在爷爷新做的台阁旁，听爷爷讲述台阁的奥秘，这一幕被记者们拍下，登上《温州日报》。同年 3 月，爷爷的事迹被《温州晚报》报道。

□潘瑜/文 余日迁/摄

金可兴："样样会"的民间艺人

受父辈影响 走上艺术之路

名家指点 技艺突飞猛进

继承祖业 雕出精美亭台楼阁

温州日报

WENZHOU DAILY

邵占维与百名高级经济师共话发展

突出四个关键 再创温州辉煌

开创政协宣传新局面

2009 年《温州日报》（左）、《温州晚报》（右）对爷爷竹雕作品的报道

2009 年，永嘉竹雕被列入温州市第三批非物质文化遗产名录。

2013 年，爷爷成为漆画、泥塑、绸塑三个项目温州市非遗项目传承人。

爷爷的泥塑、漆画、绸塑作品

同时，爷爷着力锻炼我的爸爸和二姑，让他们尝试接手事业。

我的爸爸叫金魁，自幼跟着我爷爷学习工艺美术，现为中国工艺美术家协会会员、中国书画协会会员。1999—2013 年，爸爸的书法、国画以及雕塑作品参加了全国各类展览并屡获嘉奖：2010 年，被中国文化艺术家协会评为“杰出书画家”；2011 年，被台北故宫书画院聘为客座教授；2012 年，被中国书画艺术家协会授予“国宝级艺术家”荣誉称号。他的作品还选编入《国宝档案》，传略载入《中国诗书画艺术大典》等大型书籍。

我的二姑金连晓从事雕刻 20 余年，擅长木雕、竹雕、绸塑等，作品多次在省市展览会上展出。2009 年，其黄杨木雕作品《释迦说法》入选“东瓯

爸爸金魁的照片

遗韵——温州市非物质文化遗产普查成果大型展览”。2014年，与家人合作的作品“大画舫”在浙江省文化厅和省旅游局主办的传统手工艺主题创作展中荣获三等奖。她还多次受邀参加温州市非物质遗产馆举办的一系列活动，受到各界人士的好评。

无疑，爸爸和二姑是爷爷的骄傲，竹雕传承的重任不再由爷爷一人承担。

三、精雕细琢勇创新

传统的竹雕制作需要经过诸多复杂工序，爷爷又做了哪些创新呢？

（一）竹雕的“独家秘方”

1. 构图

竹雕盆景大多是将台阁或各地的名建筑按一定比例缩小，但是有些建筑的总体尺寸、每扇窗每堵墙的数据很难查知。爷爷告诉我，他会在外出旅游时带上相机，不放过每一处精美的亭台楼阁；同时学习建筑学的结构理论等，了解古建筑的筑成比例，并将这些心得融入竹雕盆景的制作。比例计算完毕后，就在图纸上用尺子和铅笔画出盆景各部件的尺寸图。

2. 选材

从很早开始，我们家族就住在永嘉县芦田村。小山村有极多竹子，为竹雕提供充足原料。高山竹子竹龄较老，竹节较长，适于竹雕的做工且制成品不易变形。爷爷强调竹子需要下半年去采，因为上半年有梅雨季，水汽过多会导致蛀虫发霉。竹雕的选材大有讲究。

3. 开料

选好的竹子需要用刀劈成大小不一的条状，再按需要的规格用专门设计的节门拉出粗细不等的竹丝。

4. 防霉防蛀

把拉好的竹丝均匀地放在按 1 : 10 比例配好的防霉液中浸泡 24 小时。若防霉液太稀或浸泡的时间太短，泡出的竹丝会容易发霉、遭虫蛀。

5. 雕刻

爷爷按照图纸的比例，用雕刻融合镶嵌的技法，做出各种不同尺寸的古建筑盆景、人物和飞禽走兽，等等。

6. 上膜

上膜是用明矾和胶水按比例配成溶液，刷于纱布上，把处理过的竹丝均匀地排放其上，放于太阳底下曝晒备用。

7. 上漆（上色）

将竹片用皮漆反复上漆三次，然后用硝基清漆上光，以此增加光泽与牢固性。由于自小练习国画的影响，爷爷更希望保持竹子的原色，以此彰显竹子的气节。

小假山等则以矿物颜料上色，这些颜料取于大自然，从矿石中磨出，色彩厚重，覆盖性强。爷爷还在颜料中混入蛋清，使色彩亮丽、不易褪色。

8. 划料

将准备好的材料按所需的图形及尺寸裁下备用。

9. 配搭成形

把经过精心裁、剪、雕、嵌好的各部件进行组装。组装的过程中需要保持黏合物的半干状态，成品才牢固、不易变形。

爷爷在制作竹雕

（二）承旧创新融时代

爱默生曾言：“天资和个性的区别在于：前者具有维护旧事物的机灵，后者具有朝更新更高的目标创新的力量和勇气。”

爷爷告诉我，竹雕的制作工序复杂，需要耗费大量的时间、精力；为了适应时代要求，我们不能成为“套中人”，必须对传统工艺加以创新。

于是近年来，爷爷和爸爸引进相关机械，利用机械的精度和高效，改革构图、开料、防霉防蛀、上膜、上漆等工序；之后使用计算机绘制样本，进行机械切割，最后解决材料的处理和手工搭配成型。这些改进使得竹雕更为工整，制作效率更高。采用新工艺制成的竹雕制品，主要如下：

《唐代御用大马辇》，起稿于 2015 年，历时 6 个多月。该作品长 132 厘米，宽 30 厘米，高 72 厘米，作品还原度高，可谓“潜心画栋亦雕梁，恍如隔世散古香。时光仿佛已倒转，孔孟入室已登堂”。

竹雕作品《唐代御用大马辇》

《北京故宫缩景》，起稿于 2016 年，历时 10 个多月，长 121 厘米，宽 101 厘米，高度 80 厘米（连底座）。此作品以三大殿为中心，有大小殿宇宫室 9999 间半。整个建筑方正大气，三大殿雄踞三层台阶之上，殿角飞檐，

竹雕作品《北京故宫缩景》

雕栏画柱肃穆壮观，其平面布局、立体效果，无不巧妙地展示了中国古建筑的艺术精华。

《鹳雀楼》获得省级大奖“薪传奖”，该作品四檐三层，长70厘米，宽65厘米，加底座总高210厘米。飞檐斗拱，画栋雕梁，古香古色。精致的小竹门或开或合，透过空隙还可以看到天花板上镌刻的各式细小花纹，层次分明。其中殿堂高耸，慈佛端坐，庄严肃穆。

爸爸制作的竹雕作品《鹳雀楼》

竹雕制作的新变化还在于部分作品的缩小简化。为了使竹雕走近普通群众的日常生活，使青年学生对竹雕有更多的认识和体验，迷你版的竹雕盆景应运而生。

迷你版竹雕作品

迷你版竹雕作品

四、走近群众广宣传

自 2009 年竹雕成为温州市非物质文化遗产以来，家人致力于竹雕文化的宣传普及和竹雕工艺的创新，为竹雕申请浙江省非物质文化遗产作各种努力。

2013 年，于温州市非遗馆百工一条街举办竹雕专展。

2014 年，竹雕作品《大画舫》在桐乡举办的“浙江省传统手工艺主体

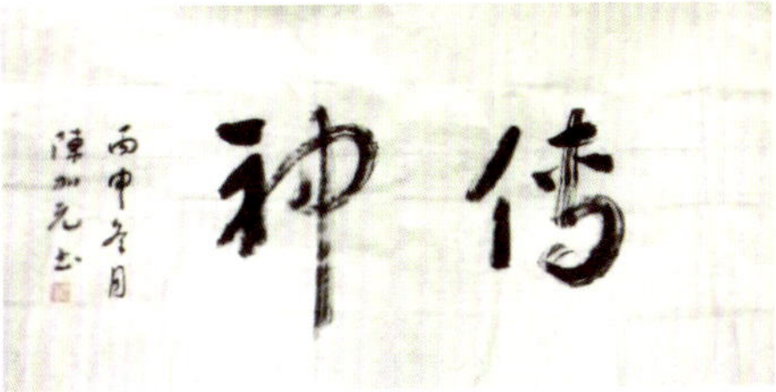

陈加元先生所题

潘瑞吉将军所题

创作展”上，被冠以“国家级非物质文化遗产”的殊荣。

同年，爷爷为了竹雕更好地发展，写下《关于请求给予温州非物质文化遗产——温州竹雕加强扶植力度的一封信》交于市政府。

2015 年，竹雕参与温州国际时尚文化节。

2016 年，瓯窑小镇被国家旅游局批为全国第三批“中国乡村旅游创客示范基地”，成为温州首个中国乡村旅游创客示范基地。为响应温州市政府发扬非遗的号召，爷爷在瓯窑小镇建立“金墨轩”竹雕工作室（爷爷字墨轩）。当年，时任省政协副主席陈加元、省委宣传部副部长唐中祥、市委书记徐立毅、县委书记姜景峰，以及潘瑞吉将军都曾来工作室参观。其中，陈加元先生为爷爷的作品题字“传神”，潘瑞吉将军题字“国之瑰宝”。此外，中国著名书画家林曦明也曾为爷爷的画册题字。

2017 年 3 月，时任浙江省委副书记袁家军在永嘉县委书记姜景峰等陪同下调研瓯窑小镇并参观“金墨轩”，二姑向各位领导介绍竹雕的制作要领，袁家军同志兴致高涨，亲自动手实践。

同年，爷爷与家人参与“2017 年永嘉‘非遗传人’助力春泥公益课堂”系列活动。

2018 年，《永嘉新闻》上播出了《一家五代非遗传承，父子俩四个“传承人”头衔》，称我们家为“金家班”。

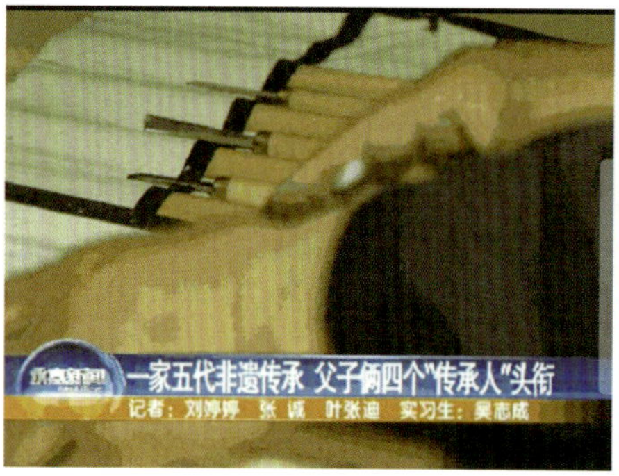

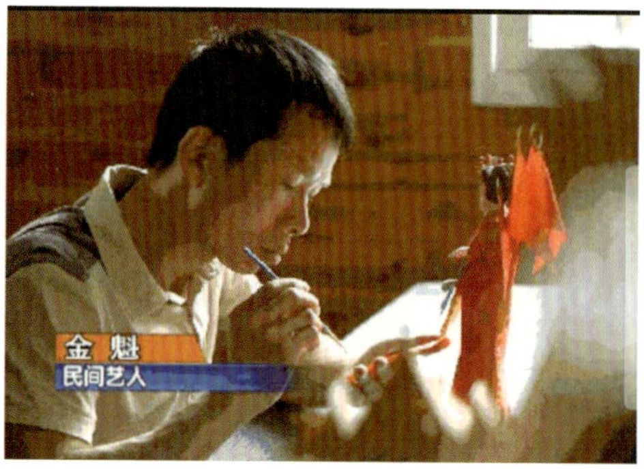

2018 年《永嘉新闻》的报道

近年“非遗进校园”活动兴起，这为竹雕的宣传和发展提供新的机遇。爷爷积极参与，走入学校进行工艺展示；并与学校合作，使得竹雕走入课堂，成为选修课。“非遗进校园”促使更多学生了解非遗项目，走近竹雕。学生们是社会进步的幼苗，是社会发展的希望，他们对非遗的进一步认识，使得非遗的传承多了一份可能。

“非遗进校园”活动

此外，他们还向在温国际友人积极宣传竹雕文化。

外国友人参与竹雕体验

五、竹雕小芽正萌生

在爷爷和爸爸的熏陶下，我自小就热爱美术，享受美术中的随心所欲与色彩间的碰撞。

2009 年，《温州日报》对爷爷进行采访，我也因此登报，当时年幼的我并不知晓竹雕对家人的意义。

长大一点，爷爷让我学习国画，也试着让我接触竹雕。当我受伤、流血，他都会异常心疼。我渐渐明白，竹雕是一种亲情的传承，其间渗透着亲人的关爱。

到了 2013 年，竹雕在温州市非遗馆百工一条街展出时，记者拍下正在作画的我，并将照片刊印于永嘉新闻网。这次展览，我真正意识到竹雕如此珍贵，它需要受到更多重视，需要人们保护，需要后人传承。

后来的几年间，我跟着爷爷参加一些画展，以期提高自己的审美能力与美术技巧的运用。多年学习后，我在美术上也表现出一定的能力，曾获得“第十七届 PHE 国际青少年书画大会”一等奖、“温州市少年儿童插画大赛”初中组一等奖等奖项，并于 2018 年获得西画 A 级证书。

进入高中后，虽然学习繁忙，但我也会和爸爸一起参加“非遗进校园”与各地的展览，希望能为竹雕的发展尽一份力。

同时，我还将竹雕介绍给同学，并与他们一同做了竹扇画的体验。

2020 年 8 月我和同学们一起做竹扇画

爸爸和爷爷为我播撒热爱竹雕的种子，如今小芽儿茁壮生长，它让我意识到了责任，使我坚定信念去传承！

一、竹雕凝聚百年的传承

这篇文章创作的初衷是我对竹雕的喜爱以及对家族的敬意。我的高祖父为家族竹雕事业之源；曾祖父变废为宝，将竹丝废角料进行再利用；爷爷为家族技艺之大成者；二姑和爸爸义无反顾地协同爷爷将这门技艺发展、壮大。“幸福是把灵魂安放在最适当的位置。”我的家人认同家族文化，始终秉持匠心和热忱，他们是一群有信念的追梦人。

竹雕是家族记忆与传承的纽带，是家族精神的延续，是我们祖祖辈辈跨越时空的心灵对话。

品一座城，品一种文；欲品其文，先看其承。对竹雕的学习和传承是对“文化自信”的贯彻，它是家族智慧的体现，更是全人类的财富。

二、且行且悟且感激

这次写作让我对历史有了更深的认识。

首先，史料是历史研究的基础。这次写作资料主要来源如下：

一是爷爷的回忆大多是口述资料。同时，我搜集了他过往的奖状、相关媒体报道与书籍资料等进行补充与佐证。

二是爸爸帮我找出家庭申报非遗项目的申请书等。

三是整理近年来的展览和“非遗进校园”等活动策划与报道。

其次，文字是历史表述的载体。过往我参加了一些作文类比赛，喜欢用一些文学性的语言。现在我发现短平快的语言更能直接、准确地描述史实，展开历史评论。

最后，历史写作要更多关注人。

有群人他们保持初心，不愿随波逐流，努力与坚持使得他们走到聚光灯下、舞台中心，有所成就后仍旧为梦想与信念奋斗。关注这些人，传递正能量，我想这是新时期历史研究的重要意义。谨以此文献给那些坚守匠心并为文化的保护、发展、创新做着不懈努力的人。向所有推动世界继续向好的人致敬。

一路向前，频频回首
——记外公的创业史

温州中学 2021 届　谷子轩

三毛曾说："一个人至少拥有一个梦想，有一个理由去坚强。心若没有栖息的地方，到哪里都是流浪。"几次采访，我或多或少走进了那个外表威严强势的外公，感受到其安然镇定的态度下那一腔汹涌澎湃、饮冰难凉的热血。一段家史，也是一段中国史的缩影，投映在我小小而萌动的心房。

一、穷人孩子早当家

外公生于1951年瑞安碧山西坞村，家里兄弟姐妹六个，他排行老大。年轻时的外公那炯炯有神的眼睛里总闪烁着坚韧的光，脸上时常挂着微笑，虽然清瘦，浓密的眉毛倒让他显得精气神十足。其父为供销社（20世纪50年代计划经济体制下保障物资供给的职能部门）的采购员，其母务农。那个年代农村物资匮乏，农民食不果腹，生活艰苦。

外公18周岁留影

小把米煮的木桶粥，说是粥，都能照出人的影子。兄弟姐妹们总是默契地靠边站，让大哥先填肚子，好有点力气跟生产队到田间地头分配劳动，拎锄头铲地、背粪桶浇肥，撒灰挣工分。当时按工分价钱计算的话，劳动一天，只能值二三分钱。迫于生计，外公小学三年级时便早早辍了学。虽未得以完成学业，也算是家里唯一获得教育机会的人。

16岁那年，外公萌发了想学一门手艺的念头，学点手艺养家糊口总也算是一条出路。于是，便找了个老木匠学习手艺，他跟着师父走村串巷，每逢村里农户有喜事，抑或是哪家人搬迁，便扛上木料，在主人家的晒谷场上打造八仙桌、条凳、五斗橱、樟木箱等木制品。学手艺是没有劳酬的，无非是跟着师父混口饭吃，给家里省出一口粮来。

二、“为国家而战，我自豪”

为了响应国家号召，保卫祖国，1971 年外公在成年之时义无反顾地参了军，加入了南海舰队海军航空兵 4473 雷达团。他穿着上绿下蓝的军装，领上佩戴着红领章，大檐军帽正中嵌的红五星十分鲜艳，腰束武装带。如此精神，如此威武。正是：韶华青涩把军参，风餐露宿山顶上，树下凝神语录朗，河边冲刺跨栏杆，凛冽严冬拉练忙，摸爬滚打在营团。军营生活让人难忘，训练强度大，条件差、酸甜苦辣，每个月十几块津贴都要寄回家。

外公参军时留影

孟德斯鸠曾说过："历史苍白的国家是幸福的。"每一场战争对于一个国家、一个民族来说, 都是一场深重的灾难。同样的, 这段抗日战争的历史深深地烙印在全中国人民心中, 但是, 在一定程度上, 这不仅是我们众志成城、团结一致的象征, 更是在我们每一代人心中敲响的民族自尊和集体觉醒的警钟。特别是这期间涌现出全国人民凝聚于中国共产党的领导而形成的抗战精神, 都成了我们心目中永恒的丰碑, 也昭示着只有坚持中国共产党的领导, 才能完成民族独立和人民解放的大业, 才能实现中华民族伟大复兴。1973 年 9 月, 越南共和国非法宣布将南沙群岛的南威、太平等 10 多个岛屿划入其版图。1974 年 1 月 11 日, 中华人民共和国外交部发表声明, 重申中国对南沙、西沙、中沙和东沙各群岛拥有领土主权, 中国的领土主权不容侵犯。越南当局不顾中国政府的严正警告, 侵入上述海域, 强占金银、甘泉两岛。

中国人民解放军海军南海舰队奉命组成编队。作为参战支援部队, 外公这位年轻的温州兵在战场前写下了家书:"亲爱的爹娘, 我即将上战场, 用誓死捍卫祖国领土完整的决心, 完成党交给我的任务, 我没有辜负你们的教诲, 如果我在战场上牺牲了, 请保重自己的身体, 不要悲伤, 能为国家而战, 我自豪。"

在舰队航空兵掩护下, 中国人民解放军海军南海舰队派出猎潜艇组, 于 1974 年 1 月 17 日部署支援巡逻作战。19 日, 越南 4 舰同时向中国舰艇编队发起攻击, 中国舰艇被迫奋起自卫, 各舰群近战歼敌, 集中火力猛烈还击。经 4 个多小时激战, 越南护航炮舰被击沉。20 日, 中国人民解放军舰队分批抵达永乐群岛海域。步兵分队由海军舰艇和渔轮输送并在海军航空兵掩护下, 向被越南军队侵占的甘泉、珊瑚和金银三岛逐岛发起攻击, 收复三岛, 全歼入侵的越南军队。这一胜利沉重打击了越南当局的扩张主义,维护了国家领土主权。就是在这样的数次实战经验中，我外公的骨血里注入了对祖国的忠诚与柔情，骨椎里炼出了铮铮不息的铁汉之气。

部队是一个大熔炉，是一个真正锻炼与磨砺人的地方。虽然在部队吃了不少苦，流了不少汗，但当兵生涯给这些来自农村没读过多少书的青年创造了学习环境和机会，他们深知知识的重要性，一有时间就认字，写短文，并积极关注国家时事。艰苦的军营生活也练就了他们坚强不屈，毫不畏惧的精神毅力。怀着对党的热爱和忠诚，1973 年外公加入中国共产党。虽然已经离开部队多年，但外公一直心系战友，坚持参加战友会。说到动情之处，外公数次热泪盈眶，哽咽难语，还拿出了自己当初入伍时在部队的合照和现在战友会的照片。从发黄的老照片到光鲜亮丽的新照片，虽然时间在改变，岁月在他们身上留下了擦不去的痕迹，但是，他们的战友情却越发的闪亮。

三、漫漫创业路

外公于 1975 年光荣退伍，被分配到瑞安莘塍建筑厂工作，成为一名采购员。次年 1 月与有父母之命的外婆结了婚，立业成家后，生活终于有了安定着落。后来外公和外婆都调到瑞安红旗电动工具厂工作，外公当时是推销员，负责工厂产品的推销，经常在外地出差跑业务，他凭着军人吃苦耐劳的精神、雷厉风行的作风，在厂期间收获了不少好评和宝贵的营销经验。

1978 年中国共产党十一届三中全会做出了改革开放的重大决策，伴随着改革开放的潮流，全国各地以走街串巷和摆地摊形式出现了第一代个体户，当时温州是个体户最活跃的地方。纽扣、针线头、磁带这样的小商品很是畅销。喇叭裤成了那个时候的时尚。随着中国首批沿海开放城市的诞生，温州也位列其中，这些城市就着改革开放的春风，在生产、投资和税收方面都得到了优惠政策。很快，祖国大江南北掀起了创业潮，周围不少人纷纷投入创业的洪潮中。

外公创业的想法在外部与内部环境的双重推动下逐渐萌芽了，1987年外公和妹夫决定办厂，但资金、设备、技术、厂房等各种现实困难像一道道屏障挡在他们面前。他们四处奔波筹集资金，亲朋好友的关系都用上了，

外婆在红旗电动工具厂任仓库管理员时留影

还向银行借贷了 5000 元，租了一间只有两层楼的毛坯房作为简陋的厂房，与其说是个厂子，不如说是一间小作坊。当年 5 月创办了红旗电器厂，生产制造整流子（现在的换向器）。兄弟姐妹是厂里的第一批员工，加起来一共就十个人。设备的紧缺、原材料进货渠道的寻找、生产工艺流程的制版、技术的把关，外公忙前忙后，供产销一人抓。对毫无经验的外公来说，每一步都要比别人付出更多更艰辛。第一批整流子是销售给沈阳电动工具厂的，

当时困难得就连五块钱邮寄费，都是外公从隔壁邻居家借的。

小作坊的产能很低，不分日夜加班加点，几天也只能生产几百只整流子，根本不能满足生产需求。1990 年，外公在瑞安主城区公园路租了个 100 平方米的厂房，工人扩充到了 30 个。工厂开始实行两班倒制，车间初见雏形，工序齐全了，工艺也更规范了。1990 年左右发生了经济困难，全国经济增速下滑，外汇赤字，通货膨胀严重，给工厂的发展带来了重创。矩

检验工序是换向器制作的最后一道流程

形的工厂，西头是个小食堂，一张小圆桌、一碟菜售价五毛到两块。外公的母亲，也就是我的太姥姥，负责工厂员工伙食。每天早起贪黑，终日奔忙于柴火灶台边，又是添柴，又是倒水，超负荷的工作让她每天汗流不止，衬衫一天下来都会湿透。她不知从哪里听闻喝糖水可以补充体力，迅速止渴，每天都大口大口地灌糖水。就在这期间，突如其来的糖尿病袭击了她。老太太日渐消瘦。

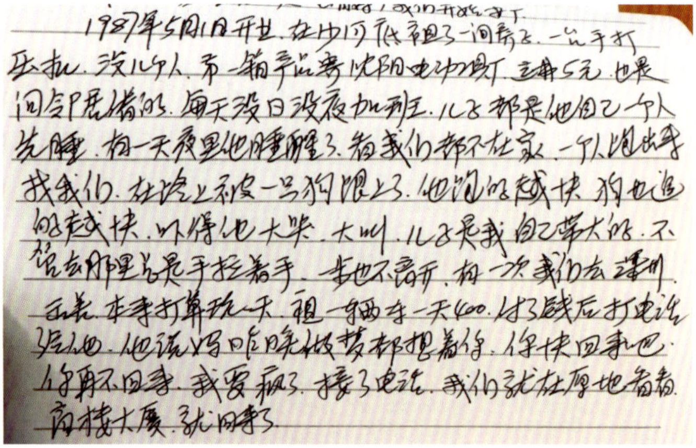
1987年5月1日开业。在上河租了一间房子，一台手打压机，没几个人，第一箱产品寄沈阳电机厂，赚5元，也是向邻居借的。每天没日没夜加班，儿子都是他自己一个人先睡。有一天夜里他睡醒了，看我们都不在家，一个人跑出来找我们，在路上还被一只狗跟上了，他跑得越快，狗也追得越快，吓得他大哭大叫。儿子是我自己带大的，不管去哪里总是手拉着手，一步也不离开。有一次我们去温州玩，本来打算玩一天，租一辆车一天400，付了钱后打电话给他，他说妈昨晚做梦都想着你，你快回来吧，你再不回来我要疯了。接了电话，我们就在原地看看高楼大厦，就回来了。

外婆写的日记

进入 20 世纪 90 年代，特别是 1992 年春邓小平南方谈话之后，国内的政治和舆论氛围发生重大转变。1992 年 10 月 12 日召开的中国共产党第十四次代表大会明确提出，建立社会主义市场经济体制是我国经济体制改革的目标。1993 年 11 月，中共十四届三中全会通过了《中共中央关于建立社会主义市场经济体制若干问题的决定》，提出了建立社会主义市场经济体制的基本要求和途径。在这些政策的支持下，要素市场特别是规范的资本市场初步建立起来，国有经济的外部市场环境发生了重大改变。随着经济大环境的回暖，工厂慢慢有了起色，占地三亩的新厂房建成后，生产产值不断地翻番，从 50 万元增到了 500 多万元，工人也达到 100 来人。1995 年，厂子更名为瑞安市利达电器有限公司。外公也实现了从厂长向董事长的转变。

经过 20 年的改革和发展，民营企业成了国民经济的重要组成部分，由于先天不足且基础薄弱，它的异军突起和快速成长，必然会打破原有的平衡格局。部分地方尚存在对民营企业的税收、银行贷款歧视，资源利用机会上的不均等，导致了企业间的恶性竞争，再加上私营企业产权单一，所有权和经营权高度统一，注重个人收入，不关心企业的利润目标，弊端日益显现。生存环境不容乐观，当时温州的民营企业大多处于停滞不前的状态。

作为一个见证了祖国蓬勃发展，亲身经历改革开放的过来人，外公清晰地看到了在这道坎后面的万水千山，美好图景。就在这个节点上，外公与其妹夫在经营理念和对公司未来发展上产生了分歧，一人坚持保守，一人渴望突破。于是，个性果断的外公坚定地卖掉了三亩地，将对方股份购买下来，从此两人分道扬镳。

1996 年瑞安市百好乳品厂（主导产品为“擒鹰牌”炼乳）顺应国家号召，实行国企改制。得知百好牛场原址出租，外公立即嗅出并抓住了商机。他当机立断租赁了百好牛场 400 平方米的场地，搭了几个铁棚作为临时厂房。在这里，外公与外婆两个人相濡以沫，砥砺前行。公司的老员工们也不忘初心，各个全身心地投入公司的初步建设中，踏踏实实地打好每一步的基石。这期间，工厂发展愈发蓬勃迅猛，为以后公司的发展打下资金基础，

现代化的换向器生产设备

同时也坚定了外公对未来蓝图的信念。

外公和我们说得最多的就是:“人要不断进步,就得活到老,学到老。”不忘关心国家大事,关注国家政策导向,必须跟上时代发展,面向世界,面向未来。公司在他的经营理念指导下,一步一步发展壮大。2003 年,公司追加注册资金,正式更名为浙江利达机电有限公司。

周期性运行是经济发展的常态,经济发展总是起伏跌宕,兴衰交替。21 世纪初,经济泡沫的出现导致了行业持续低迷,中小企业大量倒闭。很多货款变成呆账,货款收不回来,发不了工人工资,无法购买原材料,公司不能正常运转。那段艰难的日子,妈妈说现在回想起来都记忆犹新。外公——一个花甲之年的人,亲自到各地催收货款,一坐就是十多个、二十多个小时的汽车,有时为了节省路费就连夜坐火车,马不停蹄第二天直奔客户工厂,一天要不到款就两天,两天要不到就一周,一个馒头一瓶水就凑合一天,披上棉衣在客户工厂外面凑合一宿,这些都是家常便饭。遇上老赖,“动之以情,晓之以理”,没用。以防他跑路,还要在工厂外面守着。有一次

利达机电有限公司

外公直接跪在对方面前了，公司里这么多员工等着吃饭呢。这背后的辛酸真是一言难尽啊。

民营企业大多为劳动密集型生产企业，这种生产模式没有高科技含量的生产设备和先进的生产技术，这就决定了温州中小企业产业层次较低、可替代性强，在面临国外的技术贸易壁垒时容易受到冲击。外公总能比其他人先行看到这些问题，他一心想提高产品质量，一心想把企业做大做强，发达国家对进口商品的质量要求相对较高，每个国家都有他们的一套强制性质量认证体系，你想进入他的市场，就必须通过他们的准入体系认证，包括产品质量认证、安全认证、能力认证等，高昂的测试费用、每年不菲的证书维护费用，这对中小企业无疑是很大的挑战。认证机构来了一次，厂房场地不达标，走了。又来一次，工艺流程不规范，走了。再来一次，产品部分功能不佳，走了。这一回回、一次次，消耗的时光不说，不管认证有没有通过，照样得付一笔巨额费用。外公真是一头倔牛，不撞南墙不回头。场地不达标他就贷款购置新厂房。工艺不规范，他就想方设法改进机器，引进先进设备，注重员工技能培训，高薪聘请专业技术人员。用他的话说，世上无难事，只怕有心人。

创业之路真可谓一波三折。挫折和磨难非但没有把外公击垮，反而激发了他昂扬的斗志。在公司发展的道路上，外公踏实做人、认真做事，不走捷径，严谨、真诚、友好地对待每一个客户和每一份订单。他说，创业难，守业更难。

公司成立至今，已有 30 余载。现在的中国利达公司位于瑞安经济开发区，占地 28 亩（建筑面积 3 万平方米），员工 600 人，产值达 3 个多亿元，产品远销海内外，是世界 500 强公司的优质供应商，是瑞安市领军型企业、高成长企业和纳税大户。每次探望外公，他总跟我说：“人，一定要树立自己的目标，方向确定了，努力朝这个方向奋斗，生活不会亏待努力向上的人。”

外公有着军人特有的气质，庄重而冷峻，沉着而内敛，虽年近古稀，却几十年如一日地坚持着，劲头十足。他不仅在事业上有巨大的成就，还积极投身于社会公益事业。除了企业家这一头衔，他还是一名人大代表。在担任瑞安市十三届人大代表期间，他关注城市发展，情牵民生，收集群众的呼声和意见，为瑞安的城市道路规划建设建言献策。

外公是众多温州民营企业家的一个缩影。温州民营企业一步先行，“敢为天下先”，走出了一条切合自身发展的“温州模式”道路。中小企业占了中国经济大半壁的江山，成为拉动中国经济增长的强大动力。这速度的背后，是几代人的青春，是他们的无私奉献，是他们的勇敢创新，是他们的“舍小家为大家”的精神。

这一次采访恰逢中秋节短暂的假期，又碰上外公战友会。外公一得知我要采访他，二话不说推掉了战友会，在家里等了我一上午。我想知道外公创业史的焦急之情令我在两小时的车途中坐立难安——我也深知这是我揭开外公强硬外表下柔软内心的第一步。简单地吃完中饭，我和外公正式地坐下来，面对面。氛围刚开始是生硬的，毕竟我和他中间隔了五十来年的距离，并非一句话便能拉近的。伴随着一句句的牵引，往事涌现，泪水逐渐盈满他的眼眶，湿润了他的眼角。“这是很好的机会，也是你的转折点。”外公艰辛波折的创业史打开了我狭隘的视野，让我得以向那波澜岁月投去一瞥，触摸外公坚韧的纹理。

外公将遥远的过去娓娓道来，抖去一路的风尘与灰霾——澄明通透的一代人，一段岁月，一簇缅怀，毫无保留地再现于我的面前。那是一个从20世纪50年代蹒跚走来的老人，他曾茫然于挫折与低谷，也曾沉浸于流岚与雾霭。“向前，向前。你能到走多远，就要看你能看到多远。”外公低沉而沉着的嗓音，描绘着一种坚定，“当时我看到了，我走下来了。那是‘目标’，是‘信念’”。

在茫茫人海中，有些人的目光是有限的，只能看到自己这渺小的沧海一粟，却还讪讪地自以为是整个世界；另一些人，他们把自己与整个社会、整个世界，缔结起一种紧密的联系。个人投入时代，不负韶华，以国家为先，一个人的格局才能开阔、宽广。

天涯明月
——鲐背爷爷跌宕的革命岁月

温州中学 2022 届　林炜凡

小人物从来不是大时代的被动接受者，每一个小人物的参与和行动，汇成大时代的洪流。

《光辉岁月——乐清市离休干部图片集》中收录的爷爷的信息

我的家乡浙江乐清是革命老区，在大革命时期就建立了中共乐清支部；抗日战争时成立了中共乐清县委，组建了抗日游击队；解放战争时期，当地党组织为乐清及括苍地区诸县城的解放做出了重要贡献。我的爷爷林景乐是乐清革命历史的见证者，也是光荣的参与者。

爷爷今年91岁，1929年7月出生于浙江省乐清县芙蓉镇，1947年参加革命工作，1948年加入中国共产党，1949年加入人民解放军，1986年离休，是浙江省目前为数不多的新中国成立前参加革命工作的离休老干部之一。

从一个血气方刚的山村青年到信念坚定的共产党员，爷爷默默地在时代浪潮中贡献自己的力量，一路跌跌撞撞地勇往直前，他是我的英雄。

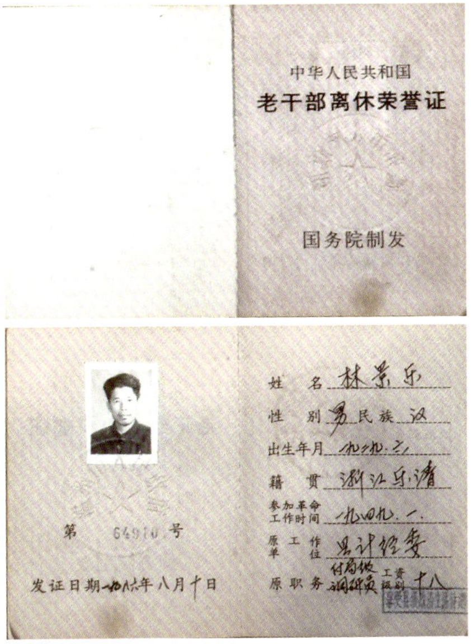

爷爷的离休证

一、“岁月无痕常忆旧，思亲不觉冷风长”

爷爷的出生地为芙蓉镇后垟村，坐落于乐清东北部，属半山区，白龙山脉横亘于前，雁荡诸山杂陈于后，山水相连，重峦叠嶂，自古以来就是台州、永嘉和乐清的交通要道。20 世纪初，当地人生活异常艰苦，吃的主粮是番薯和芋头，穿的是粗布衣裤，住的是土木结构的房子，村民唯有肩膀硬、腿脚健、双手勤才得以勉强维生。

爷爷的父亲——也就是我的太爷爷，父母早亡，与弟弟由房族亲戚抚养长大。辛亥革命后，19 岁的太爷爷和弟弟先后离乡外出谋生。几经辗转，太爷爷来到甘肃大漠边塞，在茫茫沙海中忍受孤独和艰辛，后来在当地的一个派出所当了警察。漂泊了十余年，他终于有了些许积蓄。

1928 年，太爷爷回到魂牵梦萦的家乡芙蓉镇，买了四五亩地，娶了媳妇。次年 7 月，我的爷爷出生。又过了一年，太爷爷转去浙江平湖派出所任职，再次背井离乡。1931 年日本侵华战争爆发，有志于保家卫国的太爷爷弃警从军，后调入浙江抗日自卫队某纵队当中队长，驻守安吉、孝丰一带，数年杳无音信。

太爷爷常年在外，爷爷为家中独子，只能与太奶奶相依为命。爷爷很小就学会了上山砍柴、下地种田、下海捉蟹，艰苦的童年生活造就了他坚忍的个性。七岁时，太奶奶拿出家中仅有的一些积蓄，送他到私塾念书识字，希望将来能博个好前途。然而时局动乱，爷爷仅读了三年不到便辍学在家。爷爷说起童年时，总会提到那一个个寂静的夜晚，他趴在太奶奶怀里追问阿爸何时回来。太奶奶会指着月亮说："月亮圆了，阿爸就打胜仗回来了。"

年幼的爷爷对阿爸没什么印象，但知晓父亲是一位军官，一直在外打仗。什么是"战争"？此时的爷爷懵懵懂懂，小小的脑袋无法想象战争的激烈和残酷。为什么阿爸要抛下我们在外面打仗？爷爷的内心充斥着迷茫与困惑，他期盼天上弯弯的薄月牙下一秒就被推走，这样阿爸就能回归。然而无数个月圆之夜，在家中翘首以盼的爷爷一次次在失望中入眠。阿爸你在哪儿？什么时候能回来？一家团聚是童年爷爷的一大愿望。

二、"寄书长不达，况乃未休兵"

1938 年冬，爷爷的愿望终于成真，已经数年无任何音信的太爷爷托同乡的传令兵前来接母子俩，一家人在萧山钱江大桥一侧的村庄首次团聚。此时杭州市区已经沦陷，太爷爷所在的抗日自卫队被派驻守钱江大桥一线。

望着眼前这位身着戎装、背着驳壳枪、略显疲倦却又不失英武的男人，爷爷很是激动：这就是我朝思暮想的阿爸啊！爷爷讲起这段，一脸兴奋：太爷爷脸黑黝黝的，还有一把硬硬的胡茬，好像"煤堆里的一把松针"；他的身形高大挺拔，双手健硕有力……这些都极大满足了爷爷对于"英雄"的幻想，对父爱的渴望。

然而，战乱纷飞的年代，军务在身的太爷爷踪迹不定，时常数周不能归家。爷爷的生活似乎又回到从前，他只能每天眺望远处的六和塔寄托思念。可是江对岸来往奔驰的日本车辆，钱江大桥被炸后留下的巨大豁口，这些都提醒爷爷现实是如此的触目惊心。桥对面有太爷爷的敌人，那些残暴的日本侵略者，爷爷时常想象自己以迅雷不及掩耳之势跨过大桥，把敌人打得屁滚尿流……然而，在中日实力对比极为悬殊的时代，这些只能是一个“总角”少年的虚妄之想。

随着战事逐渐吃紧，母子俩被转移到诸暨。

诸暨的天空也并不安宁，日本飞机的盘旋声、激烈的爆炸声、受难者的哀嚎声此起彼伏，爷爷神经紧绷，时常彻夜难眠。

一个雪夜，屋外传来急促的敲门声。太奶奶匆忙起床开门，爷爷跟在母亲身后，借着月色看见一个疲惫不堪的军人。他的旧军装遍布泥土、污渍，混着斑斑血迹，肩上还背着一个人，重伤昏迷。在谈话中，爷爷才知晓几天前日本人将大衣反穿，趁着大雪夜渡江偷袭，火力很猛，抗日自卫队抵挡不住，大桥失守了。部队伤亡惨重，只得向绍兴、新昌、嵊县（今嵊州市）一带撤退。昏迷的男人即是太爷爷部队的指导员，据说太爷爷腿部也受了伤。爷爷的心一下子就提了起来，眼泪打转，却不知道该问些什么。太奶奶也沉默了，安置好两人后就领着爷爷回屋。太奶奶关窗时的一声轻轻叹息，提醒爷爷这不是梦境。阿爸你在哪儿？还平安吗？

窗缝透过的月光，晕着一层雾气，淡淡的、浅浅的，爷爷心中默默祈祷：无私的月亮啊，请再满足我的愿望吧！

几天后，爷爷跟随太奶奶回到家乡芙蓉镇，太爷爷始终未露面。一切似乎又回到1938年之前的光景，爷爷又开始上山砍柴、下地做活，母子俩在日复一日的辛勤劳作中焦灼地等待太爷爷的消息。

直至抗战胜利，爷爷才收到太爷爷来信，阿爸还活着。太奶奶不识字，但是也紧紧地抓着信，努力地睁大眼睛盯着看，一家人终于又可以团聚了。

三、“自信挥戈能退日，河山依旧战旗红”

1946 年，爷爷 17 岁，太奶奶心疼他在家种田辛苦且没什么前途，于是盘算着让他去上海投奔太叔公林启云。太叔公林启云是忠义救国军的营长，住在上海虹口，家境富裕。

就这样，爷爷从芙蓉小镇去了大都市上海。在上海待了几天后，太叔公把爷爷送到苏州观前街天星百货商店做学徒，想让他日后经商。爷爷白天站在柜台前，生意很差，忍不住打瞌睡；夜里，他便在商店阁楼里打地铺睡觉。

都市夜街道嘈杂，但是阁楼却异常安静。爷爷现在还会回忆起阁楼上有一大群老鼠，一到夜里就大摇大摆地窜来窜去，俨然房间的主人。爷爷睡不着的时候就常常闭着眼听声辨位，时不时敲敲床板来吓唬它们，听到老鼠仓皇逃窜的声音，颇有乐趣，这是乏味生活中唯一的快乐。

忍受了几个月这样单调枯燥的学徒生活，爷爷忍不住写信给父母，想要离开苏州。彼时，太爷爷在嘉兴做乡长，爷爷从苏州归来后，一家人便在此相聚。一个阶段后，由于异地生活的不适和对家乡的思念，爷爷提出要独自回家种田。太爷爷、太奶奶了解儿子虽然看着瘦小，却十分有主见，想了想便答应下来。于是，三口之家在短暂团圆后，1947 年春夏之交，爷爷便独自从嘉兴动身前往上海，坐轮船到温州，接着换坐小轮船到乐清，再乘小船到虹桥镇，最后辗转回到芙蓉镇。

我关切地询问爷爷经历这一路波折，赶路回家是否疲惫？爷爷布满皱纹的脸庞不自觉地浮现笑意:“年轻时那种不怕阻拦的冲劲, 哪是一点波折就能浇灭的呢? ”

这句话, 似乎也预示着什么。

一踏上家乡的土地, 爷爷就敏锐地发现芙蓉镇的变化, 许多在外的族人纷纷回乡, 还有一些陌生面孔。其中有一位年轻小伙, 叫陈式东, 他早年间外出读书、跑码头, 见过不少世面, 现在回乡做了教书先生。陈式东二十三四岁的样子, 大眼睛, 苹果脸, 短寸头, 见人总是笑呵呵的, 很有朝气。他教镇上的孩子们识字算术, 还会和孩子们谈论时局。

虽然爷爷亲历过战争和离别, 可没有人告诉他战争是怎么来的、又将怎样发展。爷爷十分佩服陈式东, 种地之余时常向他请教, 从他那里了解到国民政府的贪污腐败及对农民的剥削压迫, 因而看清了国家、社会的现状。作为一个农民, 爷爷整日早出晚归、辛苦耕作却食不果腹、衣不蔽体, 他深深体会到受压迫阶级的艰辛, 开始思索如何“翻身做主人”。

有一天, 陈式东将一个“书生样子”的外乡人介绍给爷爷, 说这是来村里做宣传工作的地下党同志。他穿着整洁朴素的衣服, 腰里别着驳壳枪; 他高大的身形, 英雄一样挺拔的脊背, 让爷爷联想到与阿爸的初见。

那段时间, 这些共产党人带领群众高喊“打倒反动派”“解放全中国”的口号。爷爷颇受感染, 共产党人奔赴光明的热忱为他迷惘的心灵指明方向, 如同拨云见日般扫除了他对未来的疑云。很快, 爷爷便满怀热情地加入农会和民兵组织, 甘愿为革命奉献热血, 这是一个农民的自我觉醒。

四、“君不闻，汉家山东二百州，千村万落生荆杞！”

由于共产党走群众路线深得民心，力量逐渐壮大，国民党政府颇为恐慌，开始组织联防队、保安团到各村进行排查。

1948 年上半年，国民党保安四团的一个营突然将全村包围起来，把村民赶到一个庙中。说起原因，实在令人啼笑皆非，原来是营长的兄弟当逃兵逃走，路过芙蓉镇时下落不明。营长怀疑是共产党的人将他兄弟扣下，气急败坏地在台上高声叫喊，然而大多数村民根本听不懂营长的普通话，营长就拉了几个人出来当面严刑逼问。

陈式东看不惯国民党兵的嚣张，挺身而出：“我们村里的老百姓都在家干农活、捣年糕，根本不知道。”营长大怒，立刻跳下台，掏出手枪将陈式东打死，村民们吓傻了，大人捂住孩子的眼睛。爷爷目睹此景，悲愤异常，但只能低下头，沉默不语。

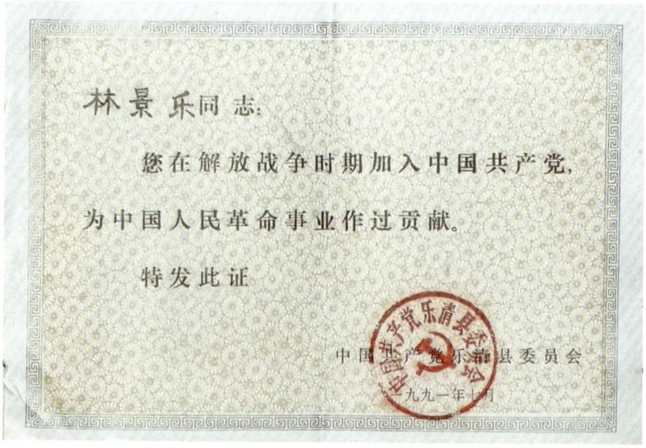
林景乐同志：

您在解放战争时期加入中国共产党，为中国人民革命事业作过贡献。

特发此证

中国共产党乐清县委员会

一九九一年七月

解放战争时期爷爷的入党证明

询问无果的营长胡乱抓了七八个老人，关到芙蓉镇的小学里审问，听说有的被灌辣椒水，有的坐老虎凳……几人受尽折磨。第三天，营长家乡传话过来，说弟弟已经回青田了，这才“施恩”将人放了。

卑劣的躯壳，在为非作歹；高贵的灵魂，却含冤惨死。

国民党的凶残暴虐、草菅人命，更坚定了他投身革命的信念。爷爷白天上山下地干活，晚上积极参加宣传、民兵巡逻等革命活动……

由于爷爷入党意向坚定，工作积极，1948 年冬天他终于光荣加入中国共产党。

1949 年 4 月，解放战争进入尾声。有一天，爷爷正在干农活，突然接到民兵队长的通知：护送浙南中心县委县长叶令银同志进城接手政府工作。一同进城后，县委机关领导因为爷爷读过书、认识字，又是个工作积极的共产党员，便希望他留在县城工作。爷爷一听是为党做事，立马答应。

随着人民解放战争的胜利发展，中共七届二中全会决定党的工作重心由农村转到城市，新中国、新政权正在紧锣密鼓筹建中。大批共产党人从地下走向前台，从广袤农村走向繁华市镇。爷爷是这一时代转换的见证者与参与者，这是他第二次离开芙蓉镇前往城市生活，这是他的新生之旅。

五、“满天风雪满天愁，革命何须怕断头！”

直到这时，太奶奶才知晓宝贝儿子早已加入共产党，急忙追到乐清县城，要儿子跟自己回家。

爷爷知道母亲这十多年历经风雨，不忍独子再经历危险，想要一家人平平安安，但他更明白自己是个共产党员，他想起那个激动的夜晚自己在油灯下的入党宣誓“为共产主义奋斗到底”。没有小家哪有大家！因此爷爷狠心躲了起来，托人传话给母亲：“全国还没解放，我坚决跟党走，现在绝不回去，何时等到解放，我就何时回去！”太奶奶没办法，只好抹着泪无奈地回去了。

进城后，爷爷被编入乐清警卫大队二中队，不久乐清警卫队被编为人民解放军103师308团2营6连，爷爷成了解放军战士。之后，爷爷跟随队伍去瑞安、平阳一带剿匪，每天翻山越岭，又要防止土匪打“黑枪”，既艰苦，又十分危险。弱冠之年，爷爷怀揣着无限热情，以大无畏的革命牺牲精神奉献在捍卫人民政权的第一线。

后来，太奶奶来部队看望爷爷，本还想着能劝他回家。当她看到干净整洁的营房和床铺，以及擦得发亮的枪支，她知道儿子长大了，已不再是当初那个写信闹着回家的毛头小子。太奶奶叹了口气，转身回家去了。

爷爷想起十年前雪夜母亲的那声叹息以及抗战胜利后才迟迟到来的家书，谁又不想阖家团圆呢？可是总得有人去守卫自己珍惜的人，如果需要，自己作为党员，必须站到最前线。

这段参军经历磨炼了爷爷的意志，这位曾经羸弱的青年面对危险毫不退缩，多次深入匪窝直面危险，爷爷成为大家交相称赞的英雄子弟兵。

六、“不经一番寒彻骨，怎得梅花扑鼻香？”

爷爷说过，在他那个年代，一个人的家庭成分和社会关系对个人前途至关重要。说到这句话时，他沧桑的侧颜透着难以细说的无奈。

太叔公林启云曾加入过国民党的特务组织，上海解放后被判刑入狱。

1951 年镇压反革命运动广泛开展时，爷爷受其牵连，军中的指导员一职被撤销。幸好组织考虑到爷爷入党早，和太叔公基本上没什么联系，仍将他留在部队里。

爷爷虽遇挫折，却仍饱含希望——22 岁，青春大好，爷爷期盼风雨之后能再见彩虹。

1952 年“三反运动”（反贪污、腐败、官僚资本主义）正盛，此时爷爷又接受多次检查，23 岁的他渐渐显出一丝老态。

郁闷、无助的时候，爷爷时常回忆起战争年代，大家富有激情，战友间披肝沥胆、生死与共。而此刻，爷爷孤零零地站在命运的岔路口。

1952 年 10 月，爷爷的审查结束，但是忽传噩耗，其所在的 308 团被撤销，战友们被迫离别，有的退伍回到地方，有的被编到其他队伍。爷爷被安排到乐清人武部当干事，心中虽有些苦闷委屈，但他不忘为国为民的初心，主动报名参加乐清白石水库的建设工程，希冀在国家建设中发挥自己的光和热。

建设水库期间，爷爷因为过度操劳导致胃部大出血，在工地当场晕倒，紧急被送往医院接受手术。手术后，休息几日，爷爷不顾医生和护士劝阻，又赶回工地。

爷爷说，共产党的干部官兵一律平等，没有高低贵贱之分，为了祖国的建设，干得苦点累点算不了什么，受伤生病也不能阻挡无产阶级战士的步伐。

爷爷（中间）和第一届乐清总工会同事合影

爷爷（后排左二）获省劳模荣誉后合影

七、“更喜岷山千里雪，三军过后尽开颜”

爷爷在乐清人武部工作了十余年，1970 年，政府委派爷爷负责筹建乐清总工会，并担任乐清总工会的第一任主席，直至退休。

由于感到新奇，我总会缠着爷爷不停地追问：当兵是什么样子，打仗又是什么样子……爷爷就主要给我讲了他 30 岁之前的事，琐琐碎碎。至于那些枪林弹雨的故事，他总是轻飘飘地数语带过。于是我就怨他，爷爷只是笑笑，说：“娃儿，你还不懂，我只是一个农村出生的放牛娃，是党和人民培养了我，在我迷茫的时候给了我方向。我没有做出什么突出贡献，党和政府还给我这么高的待遇，现在我的子女孝顺，孙女聪明乖巧，我又享了高寿，这就是我这辈子最大的福分呀！”

听到这些，我突然有些愧疚，发现自己的狭隘，之前我太喜欢以争先出头作为成功、所谓“英雄”的判断。然而，历史洪流中，那些“先行者”“领袖”毕竟只是少数。历史中更多的是像我爷爷这样的“平凡人”，他们敢于承担时代使命、奋力担当、有所作为，他们肩负职责，以血汗引领国家与民族进步，他们深藏功与名，他们是平凡中的“不平凡”。

故事结束，那个背着驳壳枪、昂首挺胸的青年形象一直萦绕在我心中，挥之不去，那是我的爷爷。

一、活动过程

史料是历史写作的基础，本文的一手资料主要来源于亲历者爷爷细致的描述，我将文字记录和录音存档，反复比对，确保真实可信。未尽之处，我与其他长辈沟通、求证，从而获得更为立体的历史细节。

这次活动中，我与爷爷第一次如此细致、深入地谈心，第一次用心去探寻那个貌似遥不可及，只在史书中存在的红色年代。钱穆先生说，要对“以往历史有一种温情与敬意”。历史是“一去不复返”的，钱先生的治史方法为我的写作提供了有效的实现策略——以前人的视角，回到“历史现场”，尝试尽可能地接近历史真实。我曾试想，在动荡的年代背景下，炮声隆隆，爷爷心中会溅起怎样的涟漪？父亲在童年时代的缺席，会让爷爷对“父亲”这个词如何认知？在艰苦的劳作中，在被审查、批斗的瞬间，他又会有怎样的迷茫与孤独？

我在采访爷爷

爷爷也曾热血，也曾失落，也曾摇摆，在战火中被分隔，在大动荡中收获希望，在希望与绝望的边缘留存内心的火光。他是一个有血有肉、无愧于天地，既平凡又传奇的人物。在时代沉浮中，在战火与鲜血中，爷爷艰难求生，在革命与生活之间求索前行。

“每一个个体都是一部历史。”翻开史书，对于那些人与物，我也多了一层亲切。在传奇里寻找普通人，在普通人中看到传奇。

二、历史感悟

在不断追问、查证中，我也在不断思索。爷爷是个立体的、多面的、流动的生命个体，但这个个体同时又融入时代洪流中，成为那个时代的一个音符、一朵浪花。他是贫苦山村出生的普通农民，又被历史与命运裹挟着一路前行：他幼时因时局动荡而历经家庭别离，少有团圆，亲眼见证关乎民族危亡的抗日战争；他生性朴实，追求安稳的现实，解放战争后期又有幸

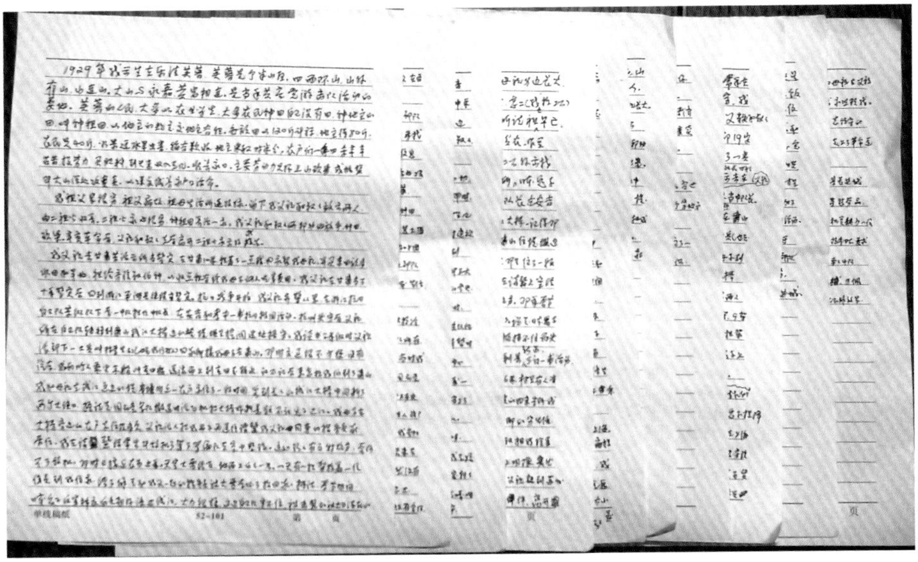

爷爷的手稿

参与革命工作。他不慕名利、甘守淡泊，于新中国成立后几经沉浮，虽九死其犹未悔，投身故土，有一分光，发一分热。

探寻爷爷革命岁月的过程中，我与家人重新回顾了这个大家庭的风雨岁月，一起梳理抗日战争、新中国成立初期的国家变迁，我突然意识到个人与家国命运的共振，家族与民族是血肉相连。非常感谢“燕园杯历史写作大赛”为我创造了这次重拾历史、深入历史的机会。

历史，正是无数个平凡人的阴晴圆缺写就的史诗。

尊重历史、铭记历史、研究历史、感悟历史，这是我们当代中学生必须承担的责任和使命。十分幸运的是，我的时代相比爷爷，要更为恢宏壮丽，我将仰望天空，眺望下一个前往，我的个人梦想必将与时代同向同行。

第三部分

探风物
山海瓯越

一个人的抗日
——梅爱文的1939

温州中学2020届　戴宗璋

1939年的中国，山河破碎，风雨飘摇。

中国人民艰苦卓绝的抗战已经坚持了八年，抗日民族统一战线已经建立了两年。而日军的钢铁、枪炮和病菌，仍是一刻不停地前进。1938年的10月，广州、武汉相继失守，华北、华东、华中和华南都沦落在日军的铁蹄之下，大半个中国陷入敌手，人民痛苦的惨叫声不绝于耳。东三省的百姓翘首以盼八年之久，仍是处在失望之冬。5月3日，日军轰炸重庆，景象惨烈，死伤数千人。

国民党在正面战场阻挡不了敌人的进攻，却不忘汲汲于内耗倾轧。1月21日国民党的五届五中全会，既决定了抗战方针，也确立了“溶共、防共、限共、反共”的斗争方针；12月1日，晋西事变爆发，掀起了第一次反共高潮。

1939年的中国，山河破碎，风雨飘摇。

所以有人说，这是坚持的时代，也是放弃的时代。无数仁人志士在黑暗和角落之中与敌人周旋战斗，虽九死其犹未悔；也有无数畏缩之徒，在日军枪炮面前吓破了胆，选择妥协与放弃。梅思平，就是后者。

梅思平，1896年生于浙江永嘉，在校时成绩优异，曾得过“九个第一名”，甚为老师所器重。1915年中学毕业，他不负众望地考入北京大学法学预科。此后，每学期各科成绩皆为甲等，学满三年后升入本科，选学政治。①

---

① 苏虹:《第一份轰动全国的反汉奸宣言》,《世纪》1996年第1期，第28页。

1923年夏，梅思平从北京大学政治系毕业后，应商务印书馆编译所所长王云五之邀，在该馆担任编辑。任职期间，梅思平成就不凡，商务印书馆出版的大型现代丛书《万有文库》中的《中国革命史》一书，就是由梅思平编辑，蔡元培校对的。因不满足于现状，他削尖脑袋欲进入官场，历任中央大学、中央政校教授，后从事国民党党务工作，是国民党C·C系的重要骨干。

1936年6月，梅思平被委派为江苏省第十区行政警察专员，后又兼任保安司令。但好景不长，1937年即被免职。12月13日日寇攻占南京后，他辞职回到了温州，长住在丈人王寿筱家中。仕途不顺的梅思平渐渐对蒋介石失去了信赖，在日军枪炮的震慑下，他把眼光投向了当时国民党的二号人物，国民党副总裁、国防最高会议副主席——汪精卫。

1938年8月29日，梅思平代表汪精卫在香港酒家首次与日方代表松元重治秘密会面。其后连续五次会谈皆变换地点，以求隐蔽，防止消息外泄。1938年10月22日，梅思平从香港返回重庆，与周佛海等人进行秘密的商议后，决定施行“以汪代蒋”计划；并向汪精卫汇报了香港商谈的结果。

彼时，武汉会战失败，武汉即将陷落。汪精卫、梅思平对抗战前途愈感绝望，降日之意更为坚决，终被钉在历史的耻辱柱上，为万世唾骂。

1939年12月15日的《浙瓯日报》上，显著位置刊载了一篇文章《我不愿做汉奸的女儿，我要打倒我的爸爸》。文章这样写道：

我的爸爸梅思平，做了敌人的傀儡，做了汪精卫的走狗，做了中华民族最大的罪人了，我是多么的羞耻，我是多么的惭愧啊！……今天，我要公开宣布脱离父女的关系，我要公开宣布我父亲梅逆思平的汉奸罪状，我要打倒我的爸爸，我要消灭我的爸爸。这样，才能抑平我的愤怒，才能洗刷去我的耻辱……

我的爸爸梅逆思平做了汪逆的走狗，但我是永不能踏着我爸爸臭污的道路而走进这个坟墓的；正相反，我却更爱我的祖国，更爱我们的同胞，也更爱我们为自由而死、为民族生存而牺牲的千万战士……我不愿戴上汉奸女儿的臭污帽子，我要以大义灭亲的精神，来打倒我这个做汉奸的父亲梅逆思平。我更希望一些做了汉奸儿女的人，能和我携起手来，共同进行反汉奸活动，并且参加到神圣的民族自卫战争中去！

署名作者，是当时旧温署联立中学一年级的学生，姓梅名爱文，时年仅13岁。

梅爱文，1926年生于上海爱文义路（今北京西路），即以路名唤作爱文。生下爱文后仅7天，其生母马志芸便因病离世。“重情重义”的梅思平选择将梅爱文送到自己的故乡温州，交由爱文舅舅——马骅一家抚养。其时的梅思平仍是商务印书馆的一名编辑，“名声”尚未大显；而梅思平的舅舅马骅，已是一名实实在在的革命者。

当时的温州，是浙南地区共产党的主要活动地之一。每当各种纪念日或政治活动，百姓都会在中共温州党组织的领导下及时组织集会游行。例如“1937年12月8日，温州各界反汉奸大游行”“1938年，永嘉各界妇女三八节大游行和永嘉工人五一节大游行”“1940年3月，温州学生反汪大游行”。除此之外，温州地区的文学艺术创作也层出不穷，对革命宣传起了积极作用，不少青年正是在革命书刊、抗战歌曲、救亡戏剧的影响下参加抗日队伍的。1938年，中共中央东南分局副书记曾山在浙江省委会议上肯定：“温属的救亡活动开展得很好很活跃，在广度和深度上都为东南各省之冠。”

自1938年2月26日以来，日寇对温州进行过多次空袭；自1938年9月22日以来，日寇对温州有过多次舰队的侵扰。虽然日寇的枪炮时常在耳边回响，温州人民坚持抗战、保家卫国的信念却从来没有动摇。

马骅读书时受温州地区革命思想的熏陶，积极参与爱国救亡运动。曾于 1934 年入温州中学高中部就读，其间参与“野火读书会”，该读书会主要介绍爱国主义书籍和社会科学知识。1935 年北平一二·九学生运动爆发，温州虽地处浙南，位于大后方，但自日军侵华以来，温州的文教界和广大学生都对全国政治形势的动态极为关心，12 月 13 日收到消息后便有人立即组织学生。17 日下午，温州学生联合救国会成立，1000 余名学生集中于中山公园广场开会，通过《抗日救国宣言》。会后游行示威，一路高呼口号。马骅是当时队伍的带头人之一，带领队伍朝八区专署进发，向专员许蟠云请愿，提出对日绝交和出兵抗日两项要求。结果被许用地方政府无权决定国家大事为由应付过去。

1936 年 1 月 3 日，学生们得知许专员正在永嘉县政府，便集队举行第二次请愿。此次请愿虽得到了专员许蟠云的承诺，但 11 日军警逮捕进步青年，马骅因避往姑妈家而幸免于难。后逃往上海。七七事变发生后，马骅回到温州，进行革命宣传运动。

1939 年梅思平积极协助汪精卫成立伪政府的消息传到温州，家乡父老皆为温州出了这样一位民族罪人而深感气愤和羞愧。梅爱文找到她的舅舅马骅，希望舅舅能帮助自己起草一份与大汉奸“梅逆思平”划清界限的宣言。马骅当时已是中国共产党党员，在“永嘉战时青年服务团”和中共永嘉县委担任文化宣传工作。面对自己的侄女这样“大逆不道”的请求，此时的马骅迟疑了。

正值冬日的温州，无雪无风也无晴。冬天的落叶尚未褪尽，春日的新芽尚未萌发。看着面前这个年仅 13 岁的个头不高的小女孩，马骅的心中既有欣喜，也有犹豫。欣喜于侄女的爱国热情和对民族和国家高度的认同感，却也犹豫于如果宣言发表，那么13岁的梅爱文将受到怎样的压力；当身旁人都知道她是汉奸的女儿了，在抗战热情空前高涨的温州，梅爱文又将有什么样的命运。

马骅想起两年前，在梅思平短暂回到温州的那几个月里，他曾前去请教这位政府高官、知名教授有关政府对于抗日的态度，以及为何国民党要对同样誓死抗日的共产党步步紧逼。他只记得，当他提到抗日的时候，梅思平露出了不自然的神色，眼神飘忽不定，只是以喝茶来掩饰自己内心的不安。梅思平对于温州人民的抗战颇为不以为然，他提到了日军的强大、日本政治制度的完善和经济的发达，却只字不提中国的潜力何在、希望何在。对于共产党，对于眼前的马骅，他没有发表评论，但他心里总想，为什么有这么多人还想负隅顽抗呢？中国有可能战胜日本吗？

梅爱文也深深地记得，在与父亲梅思平短暂相处的几个月里，她已经对父亲感到无比的陌生与隔阂。尽管他资助了自己的学业，给予自己缺少的父亲的关怀与爱，可他似乎对自己不时流露的爱国热情与抗日激情感到诧异，甚至不屑一顾，权当是孩童的无知与天真。他时常大骂“老头子”，称道汪先生（汪精卫）的正确见解，这一切都让小爱文大跌眼镜。当时的温州常为日舰所侵扰，他总是畏葸退缩，窝在房间中不发一言，眼中流露出不可描述的畏惧。不久，他借口日军将在温州登陆，抛下了亲属朋友迅速逃去了香港避难。不过小爱文知道，这一别必是永别，也许他们还会再见，但他们已是两个世界的人。哪怕爸爸梅思平成了汉奸，她梅爱文也要坚持抗日，因为她从小接受的是爱国主义教育，对自己的祖国始终怀着最深沉的爱，始终为她眼里常含泪水。哪怕世界只有她一个人，她也希望自己坚持着。而如果爸爸梅思平真的成了人人喊打的汉奸，世间也就再无这对父女了，因为在民族大义面前，小家永为小，而民族为大。

片刻的犹豫过后，马骅已下定了决心：帮助自己的侄女起草一份讨伐汉奸梅思平的宣言！他耐心地指导小爱文，用更为激昂热血的语言帮助小爱文把自己的拳拳报国之情更好地表现出来。宣言一发布，立即引发了全社会的讨论热潮，宣言被印了千余份，除在温州城内广泛散发外，还分寄全国各大报社、杂志社、通讯社以及各机关、团体、学校。各地报纸、刊物纷纷全文转载。不少读者给梅爱文寄来热情洋溢的信，对她的爱国行为表示赞扬和支持。

当梅爱文就读的联立中学举行抗战演讲比赛时，她还以《我不愿做汉奸的女儿，我要打倒我的爸爸》为题参加了比赛。马骅对小爱文演讲的语调与手势都进行了指导。梅爱文慷慨激昂，爱国之情溢于言表，而且还不时高呼“打倒汉奸梅思平”“坚决反对投降，坚持抗战到底”，博得了全校师生的掌声。此后，各机关、团体和学校都纷纷请她去演讲。13 岁的她，已是新一代人抗战的杰出代表。她的事迹也传至全国各地，激励了无数在遍地荆棘中坚持前进的人。一个人的抗日，虽是星星之火，却可燎原。

1940 年汪伪南京国民政府成立后，梅思平除任伪工商部部长兼中央政治会议委员外，还兼任伪国民党中央执行委员会常务委员、组织部部长，伪国防最高委员会委员。后又任伪实业部长兼伪浙江省政府主席、伪内政部长等职，直至日本投降。他在任伪职期间，以“和平”为号召，参与汪伪政府发号施令，并参与汪伪宣传部编印和平材料，进行反动宣传。他还利用职权，以大量物资、军粮资助日本侵略军，以戕害人民。

1945 年日本宣布无条件投降后，汪伪政府官员争先逃窜，梅思平选择留在南京，维持南京局面，并“防范”新四军的偷袭，提前向蒋介石表忠心，争取宽大处理，说不定还能混个一官半职，继续荣华富贵。可惜事与愿违，9 月 26 日，他被南京宪兵司令部逮捕。在狱期间，他仍企图粉饰自身的卖国罪行，声称组建伪政权“乃为重庆作掩护”“减缓日军之战力而缓和其攻势”“不但于抗战无害，而反于抗战工作有所辅助”（参见梅思平的《狱中自白》），是为了保护沦陷区人民的利益。可惜其卖国行径，国人尽睹，无人不知。正义会迟到，但永远不会缺席。1946 年 9 月 14 日，梅思平在南京被执行枪决。临死前，梅思平拿出三份遗嘱，其中一份交给自己的子女，其上只有八字“努力读书忠贞报国”。也许当他看到那篇女儿讨伐自己的宣言时也曾有过刹那的悔恨，才给自己的儿女留下这样的遗言。可惜他的女儿早已先于他懂得“努力读书忠贞报国”八字的真谛。

毕业后，梅爱文参加了一些社会活动。1943 年，她曾到当时温州市永强区的农村小学教过书。1945 年考进省邮政局，抗战胜利后，省邮政局迁回杭州，她也随同前往，1976 年从省邮电局退休。如今梅爱文很健谈，思维清晰，她说自己常到小区公园散步，做做运动。她现在的生活就是“含饴弄孙，读书消遣”。回忆起少时的慷慨激昂，老人说：“那是特殊的时期，想法也很单纯。爱国第一，亲情第二，我的父亲做了对不起民族的事情，父女感情也就无从谈起。”

梅爱文曾回温州看望舅舅马骅，在温州停留期间，她和舅舅回忆起她少年时期的慷慨激昂，老人觉得自己的人生得到的比失去的要多。从她写的诗就能看出她的心境：“虽然今夜没有明镜似的月亮，我听见月儿穿行在云层中美妙的脚步声……”

在历史老师方军老师的建议与指导下，我选择了探究80年前曾轰动全国的大事件：13岁少女公开与父亲决裂。虽然此事发生在我从小成长至今的故乡温州，但我身边的亲人和朋友都对此事知之甚少甚至闻所未闻。这坚定了我要还原事情始末的决心，让一个富有代表意义的青年爱国事件在新时代继续闪耀它的光芒。

在探究过程中，资料的搜集是最令我感到头疼的。由于时间紧、任务重、工具少，我一度动过放弃写作的念头。所幸在老师和同学的支持和鼓励下，我又重燃了写作之信心。写作过程中，我通过多种途径搜集资料，为确保史料的真实可靠详细，力求步步到位。有时为了判断一个时间点的正确与否，便需翻阅多本书籍进行查找确认，深刻体会了历史研究者工作的艰辛与费时。

对资料的搜集、筛选和提炼极考验研究者的功底。在找寻关于梅思平的资料时，我一度了解到一个错误事实，即"梅思平是五四运动的领袖之一，是火烧赵家楼的第一人"，甚至网络上的多篇文章乃至网络词条都收录了这个事件。然而经过多方考证，这被证明是一个伪命题。2009年时，网络上开始流传这个虚假事实，由于可与梅思平在五四以后的卖国行径形成颇具讽刺性的对比，传播的人越来越多，最后弄假成真，形成了虚假事实反复自证的现象，"三人成虎"其此之谓乎？这助长了某些人历史虚无主义的倾向，使真正的英雄埋没无人知。我为信息时代搜集资料的迅捷与方便鼓掌，也不禁为真相的埋没和人类思维的普泛化、浅薄化、零碎化和快餐化而忧虑。

在写作过程中，我对温州近代史进行了一番比较详细的了解，对自己从小生活的故乡有了更进一步的认识。温州自古以来都不是一个大城市，也缺少发展农业的良好条件。但自改革开放以来，温州商人锐意进取，在全国各地开设工厂与商店，把生意做到了大江南北，当然其间也遭遇了一些成长的阵痛与挫折。温商对温州这个城市的影响不可谓不深远，时至今日，如果我对一位外省的同学说我来自温州，那他/她可能会说："那你一定很有钱！"只好一笑以回之吧。如果他/她能了解一些温州近代的历史，知晓温州人并不是唯利是图、只知赚钱发财之辈，在近代历史上为祖国和中华民族的伟大复兴贡献过自己不可或缺的一份力，便不会问出这样的问题了吧！

这次写作也帮助我形成了更为健康与正确的历史观。幼时读史，偏好大人物、大英雄的故事，喜看他们搅动时代风云，或挽狂澜于既倒、扶大厦于将倾，或慷慨悲歌、尽显豪壮。长大后我渐渐了解到，"乱世出英雄"表达的不是对乱世的渴求、对建功立业的向往，而是对乱世中穷苦百姓的悲悯。"一将功成万骨枯"便是此理。在任何时代，小人物的浮沉、挣扎与奋斗都更令人动容与慨叹。正如马克思主义告诉我们的："人民群众是历史的创造者。"倘若没有人民群众的推动，历史便难以取得进步。梅爱文作为一位13岁小女孩、中学一年级学生，是乱世中一位再平凡不过的百姓，却敢如此大胆地表明自己的拳拳爱国之心，与自己身居高位却出卖祖国的父亲相比，不亦贵乎？若无小人物的爱国精神汇聚成全民族抗战的汪洋大海，抗日战争又怎能取得胜利呢？

我是这个时代的一个小人物，期盼能在历史上留下属于自己的一串有意义的足迹。

而正如美国著名历史学家卡尔·贝克尔所说："人人都是他自己的历史学家。"记载梅爱文的事迹，是对自己的督促也是对自我的希冀。聚焦于大人物、大英雄的历史研究固然珍贵，但对浩荡历史长河中为数更多的小人物进行研究，分析在时代浪潮下他们的抉择和行为的意义，却更能体现出这个民族的性格本质与文化内涵。当然，许多那个时代的小人物久经传颂也会变成现在我们眼中的大人物，如抗战老兵、白求恩以及无数为中国人民的抗战作出过奉献的英雄们。无数人皆言历史无用、人文学科无用，可人们还知道英雄们的名字，知道那些“虽与日月争辉可也”的伟大，而历史的任务之一就是将他或她们的故事传至万世，让后来者抚今追昔，知来路之艰。

谨以此文献给梅爱文女士，献给历史长河中的你们，献给我伟大的祖国。

梅爱文宣言《我不愿做汉奸的女儿，我要打倒我的爸爸》全文如下。

亲爱的全国各界同胞：

现在，我怀着满腔的愤恨，含着愤怒的热泪，向全国各界亲爱的同胞们申诉：我的爸爸梅思平，做了敌人的傀儡，做了汪精卫的走狗，做了中华民族最大的罪人了，我是多么的羞耻，我是多么的惭愧啊！我的爸爸竟会做了千万人所唾骂的汉奸，做了神圣抗战中的叛徒！

我的年纪虽小，对于在艰苦战斗中的祖国，我是怀着最热情的爱的；对于我那做了汉奸的父亲，我却怀下了切齿的仇恨。今天，我要公开宣布脱离父女的关系，我要公开宣布我父亲梅逆思平的汉奸罪状，我要打倒我的爸爸，我要消灭我的爸爸，这样，才能抑平我的愤怒，才能洗刷去我的耻辱。

我的爸爸梅思平，他现在做了汪精卫的走狗，做了伪中央组织部的部长，他出卖了中华民族的利益，做了卖国求荣的勾当，我是誓死也要反对他的，而且也是我们全中华民族四万万五千万同胞都要反对他的！

汪精卫背叛了抗日革命，而走上卖国汉奸的灭亡道路，我的爸爸梅逆思平做了汪逆的走狗，但我是永不能踏着我爸爸臭污的道路而走进这个坟墓的；正相反，我却更爱我的祖国，更爱我们的同胞，也更爱我们为自由而死、为民族生存而牺牲的千万战士。所以，对于这些出卖民族的奸徒——汪精卫及其走狗梅思平和一切和平投降、动摇投机的亲日派汉奸、汪派，应该要以最大的力量来肃清他们，消灭他们！巩固我们的抗战阵营。

在纪念首都、省会沦陷两周年的今天，我们的抗战已进入相持阶段了，也正是需要我们集中全力来准备反攻的时候了！在这个时候，我们必须要严整抗战阵营，扫除并消灭一切面目不清地潜伏在我们周围的汪派汉奸、亲日派汉奸及和平投降分子……我们要提高警觉性，不要受到汉奸汪派的阴谋的欺骗！我们要坚持抗战到底，粉碎一切和平投降的阴谋企图！我们要坚持团结，反对一切敌寇汉奸挑拨离间的分裂活动！向日寇作最后的决斗，获得我们民族解放的胜利！

我不愿戴上汉奸的儿女的臭污帽子，我要以大义灭亲的精神，来打倒我这个做汉奸的父亲梅逆思平。我更希望一些做了汉奸的儿女的人，能和我携起手来，共同进行反汉奸活动，并且参加到神圣的民族自卫战争中去！

梅爱文

1939 年 12 月

世间须大道，何只羡车行
——金温铁路圆梦记

温州中学2022届　厉志远

一、计划赶不上变化

1995 年 6 月，浙江省省长办公室里，我的外公——时任省计划经济委员会副主任阮晖正襟危坐，这是他与省长的首次单独会面。

“你是知道的，我是金温铁路建设领导小组组长。我先前不认识你，但有人推荐你可以把金温铁路建设搞上去。”省长并未寒暄，直接开门见山。

一年前，外公从温州市人民政府秘书长调到省冶金工业局任党组副书记、副局长，之后又转调省计经委。作为从温州走出去的干部，他明白金温铁路的意义，也知晓省领导对这一项目的高度重视。

省长顿了一下，继续说道：“金温铁路是我的一块心病，浙西南人民都急切盼望早日建成。今天省委经过研究决定派你去，有什么想法，去了怎样工作，有什么要求，都说说吧。”

外公晓得任务有些棘手，由于种种原因，金温铁路几百公里的枕木、工地、桥墩都处于半停工状态，这是一个“烫手山芋”。铁路停工并非小问题，很明显，解决困局需要新的思路。省委决定通过人事变动取得突破，因此熟悉地情、正值盛年、在干部圈以锐意进取出名的外公进入省领导的视线。

突至的调令让外公始料未及，也有些犯难，倒不是金温铁路的困局，令他痛苦的是家庭的变故。一个月前，外公的父亲也就是我的外曾祖父重病入院，情况不容乐观。为此，外公每个星期总要从省城杭州赶往几百公里外的温州乐清，看望年迈、病危的父亲。父亲是他深爱的家人，陪伴与抚育他长大，外公原曾订下计划，在自己父亲生命的末尾，以更多的陪伴尽最后的孝道。

一边是即将到来的生离死别，另一边是金温铁路——整个省委和全温州人民的期待。没有人会因为他陪伴父亲尽孝道而去指责他，但是省委寻觅寻新人选将大费周章，原有的建设项目会继续停滞。他不断质问自己，职责和亲情，究竟哪一个更重要？痛苦思索中，理智逐渐占了上风。外公并未陈述任何个人困难，他向省长坚定地表示一定完成任务，不负组织信任。就这样，外公担下重任，成为金温铁路公司董事长兼总经理。

接受任命后，外公急忙收拾行装，赶往位于温州的金温铁路公司。途中经过乐清，顺道探望病床上的外曾祖父。外公表达内心的愧疚，“计划赶不上变化”，因为工作原因可能不会定期来医院了。外曾祖父说了一些人生教诲，表示支持儿子履行自己的职责：“为官最重要是清廉，对党负责、对人民负责。”至今外公仍记得父亲的这句教诲。

简短问候后，外公告别他的父亲，这是他与外曾祖父的最后一次见面。8 月初，外公收到父亲离世的噩耗，此时他正在为金温铁路四处奔波，这也成为他一生的遗憾。但是，外公跟我说，他并不后悔，为人民服务远远高于个人情感。他宁愿个人留下遗憾，也不要铁路工程遗留瑕疵。当集体利益与个人儿女情长发生冲突，个人会作何抉择？外公选择牺牲小我，以国家、社会之大德指引人生前行，这是集体主义价值观的绽放。

二、上下奔走，终于复工（1995 年 6 月至 12 月）

一路颠簸，外公到达金温铁路公司，却发现 3000 多平方米的偌大办公区，只有十几个办公人员勉强维持日常运作。百废待兴，重上正轨难度不小。

要解决问题，首先要了解问题所在。外公向建设指挥部要来立项报告和文件资料，又电话询问省计经委相关情况，对方告诉他一个耐人寻味的细节：金温铁路项目早在开工时就已上报中央，然而开工批复却迟迟未能拿到。问题逐渐明朗，外公知晓目前的困境主要缘于国务院的批复未能下达。金温铁路是一个未批先建的工程项目，这一做法是当时经济高速发展的写照。可是烦琐的批复手续却未能及时完成，导致建设资金出现短缺，工程被迫停工。

外公认为，开工批复就好似一道闸门，闸门一开，剩余问题便会迎刃而解，但他十分清楚这必是一个十分复杂的过程。解决这种历史性的公文问题就好似在迷宫中寻找出路，一切看似毫无出路，却又内含解决逻辑，需要自己去创造突破口。于是，外公订好机票，登上了飞往首都的航班。

到了北京，外公发现问题远比想象中的复杂。当初金温铁路报批的时候，项目报告一直压在国家计划经济委员会（简称计经委），并未呈报国务院。计经委告知外公，未能上报主要是因为外商资金的问题。金温铁路外商投资原占 25%，但此后外商突然变卦，不愿继续投资，这导致了目前的“死局”。对方告知外公，唯一的出路就是通过国内银行融资来补足这一部分空缺。为此，外公找到国家开发银行，但银行认为金温铁路投资组成太复杂，毫无先例可循，如果让他们投资，一定要经国务院的批准。

“国务院的批准！”外公有些手足无措，如何才能让国务院帮助解决项目困境，在北京的外公陷入了沉思。然而，戏剧性的是，一场会议给了他新的突破口。

正逢一年一度的国家经济工作会议举办，时任浙江省委书记、省长这时也来到了北京。外公敏锐地察觉到，这是获得国务院批准的好机会。他向国务院副总理邹家华汇报金温铁路情况。令人欣喜的是，邹副总理表示了支持，并为外公一行人指明方向：找计经委的叶副主任，请他帮忙解决。外公十分高兴，心想有了国务院领导的支持，问题即将快速解决。

然而等到叶副主任批文下来，外公又被告知还需要计经委另一位陈副主任的签字，陈副主任一直负责铁路项目的审批。令人欣慰的是，后者一口答应："没有什么问题，把批文给我一份，由我向国务院报告！"

邹副总理拿到报告，又将报告呈送朱镕基总理批阅。总理批示后，外公拿到了这份来之不易的批文，他将复印件送到国家开发银行领导的手里。

北京之行总算如愿以偿，外公稍松了一口气，下一步就是项目贷款的省内落实。

三、"我深感担子很重"（1996 至 1997 年）

资金到位后，金温铁路有序复工。按照规划，工程将分为三段陆续开通，第一段是金华至缙云，第二段是缙云至丽水，第三段是丽水至温州。外公到任时，金华至缙云段已经顺利建成。

1996 年 4 月 21 日，万众瞩目下，金温铁路金华至缙云段进行区域运行开通仪式。1996 年 12 月，缙云至丽水段完成铺通。担心质量问题的不只他，一直负责前线施工的工程指挥部也忧心忡忡。正常日子里，金温铁路运行基本没大的问题；可一旦遇上大雨，可能会出现边坡坍塌、路基开裂、隧道漏水等问题。

金缙段开通不久，时任铁道部刘副部长亲赴沿线考察，铁路的状况令他大为震惊："全线这么多吃人的'老虎口'（指边坡）。"

这句话让外公猛然一震。然而，金温铁路当时情况实在特殊，经由上下努力好不容易才拿到开工批复，如果进行整改又会影响铁路报批，建设进

金温铁路金华至缙云段开通，左起第二位为外公阮晖

度会因此大大延后。多方考虑综合权衡下，铁路公司只能暂时决定让列车“与老虎同行”，金温铁路将会挣扎着边整治、边运行。

侥幸终究是一时。雨季时，铁路沿线两天接连暴雨，在雨停后的第三天晚上，外公接到公司打来的紧急电话：列车出事故了。外公心中一紧，突发事故让事态变得棘手，心中的不安逐渐笼罩了他。外公立刻乘车，去到事故现场。

事故发生在缙云段的隧道口，外公和其他负责人打着手电，在深夜中徒步走到事故现场，救援灯使得隧道口亮如白昼。省领导也十分重视这场事故，一位副省长被专门派往现场视察情况，一行人都紧张万分。

脱轨的列车有几节车厢掉到了江边，已由上海铁路局派遣的一辆抢险车在早些时候开进该路段，正试图将列车复位。事故原因是一连几天的暴雨冲刷山体，导致山石失去支撑点滑落下来，阻挡了铁路，致使列车出轨。

外公阮晖在缙云至丽水段铺通仪式上讲话

抢险队把伤员救出，送往医院。外公联系当地交通局，安排疏散巴士，把剩下来的乘客往缙云和温州两个方向疏散。

多亏了当时铁路使用的是新列车，没有出现人员死亡，否则后果不堪设想。隧道口的抢救一直持续到第二天早上，外公忙着在现场指挥协调，一宿没睡。

结束现场工作，外公立刻乘车回到金温铁路公司，召开会议。会议主题简单明了，就是启动边坡整治，组织专门人员进行调查，必须向威胁运行安全的“老虎口”彻底宣战。

然而安全整治并非一帆风顺，就在整治工程行将结束时，又连着下了三天大雨。外公心中隐隐不安，不幸在第四天得到印证。夜里凌晨三点，外公仍在睡梦中，忽然被家中电话声惊醒。新的事故又发生了，这次是在青田。

火车在离青田站较近的一个转弯口处发生侧翻、脱轨，事故原因是转弯角处视线不好，加上连日大雨，造成边坡处发生小型泥石流，覆盖了铁轨，火车一来便出事故了。外公在现场负责指挥，将伤者送往附近医院。万幸的是，这次事故也没有造成人员死亡情况。

大自然的力量总是令人难以捉摸。外公能做的就是保障一切，整治一切，不留可能。两次事故也考验外公的神经，其间，他于家中写下这样一段话："一边冒着政治、刑事、经济责任，一边又要调集巨额资金处理工程质量问题，压力很大，苦在心里。"

最终的整改方案由铁路公司和铁四院协商达成，共耗费四亿元人民币。外公深知铁路资金紧张，但两次事故的教训提醒他，这是值得的。方案包含整治全线的边坡隐患，以及其他安全问题。安全是铁路发展的生命线、"重中之重"，脱离"安全"谈发展，并不可行。金温铁路沿线地质情况复杂、建设难度高，又面临建设资金长期紧缺等问题，一度走上边开通边整治的道路，这虽有客观、现实的原因，但从长期来看，并不可取。好在外公等铁

1997 年，阮晖在金温铁路工程建设工作会议上做发言报告

路人能够面对困境及时调整思路、策略，整改完成后，金温铁路再无重大责任事故发生。

四、解开死结（1997 年 6 月至 1998 年 12 月）

1997 年浙江省委常委会会议专门讨论了金温铁路问题。会上，省长说：“金温铁路社会效益好，建设效益好，圆了浙西南人民多年的铁路梦，也是全省最大的扶贫工程。”

省委、省政府对金温铁路的大力支持，让外公喜出望外，省政府每年两个亿的补贴更是始料未及，这不是小数目，极大减轻了金温铁路未来运营的风险。外公感到肩上的压力骤然减轻。这年 8 月 8 日，经过五年的艰难施工，金温铁路全线贯通。外公说那天他偷偷流下了眼泪。他为这条铁路已经做了很多很多，从重新设计方案让铁路符合国铁标准，到边运行边整改；历经两次事故的洗礼，金温铁路已经由原来的半停工状态蜕变为一条完全合格的铁路，浙西南人民的铁路梦得以实现。

取得初步成果后，外公并不安于现状，变得更为积极进取。因为他有更为宏大的愿望，要把金温铁路打造成一条经济效益好、让群众满意的“明星铁路”，成为温州人民的骄傲，他一直以来朝着这个方向努力。

然而，想要突破金温铁路面临着的亏损桎梏，必须着手改革。20 世纪末是计划经济和社会主义市场经济交接的时代，各行各业的调整风起云涌。可是铁道系统是国家重点工程部门，有着相较其他经济系统更为复杂的管理层次，例如要增开一条客运线路，外公就需要连续拜访三级部门：杭州分局，再到上海路局，最后是在北京的铁道部。

1998 年 6 月 11 日，阮晖在金温铁路（温州至杭州客运段）开通仪式上讲话

1998 年 6 月，金温铁路即将联入全国铁路网，外公反复思索着怎样才能打破限制金温铁路运营的障壁：铁路运输，无非是客运和货运。按照铁路部门运作惯例，每一条新建铁路一般都要先开通货运，再进行客运运营。实行这一制度原因有二：一是安全因素，新建铁路路基可能不稳，货运线路的事故损失小，也对铁路有一定的测验效果。二是经济考量，以往大量实践表明货运是赚钱的，而客运是亏钱的。

究竟要采取何种方式，才能突破传统？外公苦苦思索，想起先前做的社会经济效益调查报告，报告中提到的客运流量给予他极大启发：温州的情况十分特殊，有大量外来务工人口。这些外来务工者在金温铁路客运开通前，只能乘坐长途汽车往返于家乡和温州。但是长途客车缺点很多，包括不舒适、时间长。市场呼唤更为舒适、快速的出行方式。庞大的外来务工客源无疑会给金温铁路带来大量收入，不仅能补足铁路的亏损，甚至还有能力产生盈利。

金温铁路部分路段区域试运营期间，尽管发生过事故，但是经过整改已经解决，专家组也已验收通过。要并入全国路网，基于安全的前提，外公认为货运虽然能带来收入，但是仍需要一定时间才能形成，而这段时间差中需要投入的成本很高，势必会造成铁路初期的运行亏损。虽然靠省政府的补贴，金温铁路完全能度过困难期，但也意味着国家财富会在这一过程中消耗。外公认为完全可以避免这一状况，在温州，客运不但不亏钱，反而具有巨大的市场潜力。多亏外公在浙江大学学习经济管理专业，他得以很快发现这一突破口。

在省领导的支持下，外公立即着手申请，他找到上海铁路局，请求批准先开通客运线路。上海铁路局迅速批准这次创新实验，但是它只有权限审批其辖区内的铁路段，而温州开往南昌、郑州、哈尔滨、北京、西安、武汉、贵阳、广州、成都等地的线路，外公还需要联系铁道部。幸运的是铁道部也很快批准了这一建议。

外公一边是着手申请客运线路的开通，一边忙于采购新型的客运列车。他决心将“航空式服务”引入轨道运输，因而所需的列车并不一般。当时客运列车的生产需要铁道部定下专门的计划和指标，外公直接向长春列车制造厂和青岛四方列车制造厂订购一种特殊的分一、二、三等座次的客车。这种列车的使用，标志着金温铁路成为全国首批实现客车分级座次制度的线路。至此，“先客后货”和“等级座次”两个首创，一并在金温铁路发生。这不仅是外公个人的创举，也是时代进步的声音。在改革开放的时代潮流当中，不断涌现出一个个打破经验主义、突破不合时宜的传统、敢为人先的创举。这些创举创造了更为适宜的发展道路，改革者们在追寻梦想的道路中不断前行。

问题一个个解决，金温铁路终于迎来了它的辉煌。全线运营首年即创下2亿元利润，收入最多的年份收入高达10亿元，而客运收入占比高达60%。1999年春节，温州火车站火爆异常，远在北京的铁道部通过电视看到了金温铁路各站的人山人海，终于信服“先客后货”这一理念。成千上万的外来务工者通过这条线路回到家乡，欢度春节，其中大部分人第一次乘坐火车返乡。春运火车票一票难求，铁道部不得不调配临时客车给金温铁路，才能应付如此庞大的客流。

金温铁路每年的客流量都达到了千万的数量级，旅客们安全地享受便捷、舒适的旅程，同时又实现了企业的盈利目标，外公也终于完成了他的任务、他的梦想。

1999年2月，省人大代表乘坐金温铁路专列前往杭州，右一为阮晖

一个人的命运当然要靠自我奋斗，但也不能脱离历史的进程。

20 世纪末 21 世纪初，中国的改革不断深化，开放程度也越来越高。中国接轨世界潮流，关键的一步已经迈出，许多巨变即诞生在这一伟大时段。历史证明，改革开放这条道路是成功的，先辈们“摸着石头过河”，创造出一个又一个奇迹。金温铁路是这一时期伟大成就在浙西南地区的真实写照。

金温铁路的建设是一群奋斗者的故事，一个在困境中寻找出路的故事，一个点亮发展光芒的故事。对于外公来说，这还是一个追梦的故事。外公不仅履行公司董事长的职责，他更是将个人职责作为人生目标，这一点令人尊重。外公从临危受命，到坚持不懈，途径一波三折，他的责任一直很重。很多人认为金温铁路是同青藏铁路一样的“天路”，但是外公为代表的建设者和浙西南的边坡、风雨作斗争，打隧道、架桥梁，使得铁路顺利完工。其后，他们还解决了铁路面临着的安全问题、运营问题，给后人留下了一条运行良好、管理完善、成就辉煌的铁路。如今，这条铁路即将迎来新的电气化改造，它将在变革中继续前进，不断延伸，继续进步。

文章写作过程中，我深深感悟到先辈们的建设热情与爱国热情，这种精神力量促使父辈们实现了从无到有的伟大跨越。我们当代人追梦，也需要这样的热情。有热情，有信仰，才能有力量，才能突破发展瓶颈，达到新的高度。

在全国如此之多的建设工程中，金温铁路最令我所叹服的是它的首创精神。它是温州改革开放精神的代表，也是温州精神的体现。温州人能创业、能吃苦，敢于突破传统，在经济挂帅理念的指导下寻找扭亏为盈的新路，开辟持续建设的通道，这样的温州精神、改革精神是闪亮的。

一个时代的精神是奋斗者的焕发，一个时代的个性是追梦者的性格。外公及前辈温州人给我留下了宝贵的精神遗产，我会以青春之我、奋斗之我，为民族复兴铺路架桥。

东瓯国国都遗址初探

温州中学 2022 届　谢骐鸿

前 192 年 6 月，汉廷封欧阳摇（驺摇）为东海王，都东瓯，世称“东瓯王”，成为温州历史上第一位被朝廷封王的首领。史料中对于东瓯国国都位置的记载甚少，导致东瓯国国都的位置扑朔迷离。

自 2002 年大溪古城和塘山古墓被发现以来，许多学者根据墓内随葬品以及相关资料的分析，提出东瓯国国都坐落于台州温岭地区一说，并且附和者甚多。

在查阅相关资料以后，我发现“温州说”比“台州说”有更加充分的证据，而“台州说”则疑点重重，让人不得不对其产生怀疑。

一、驳东瓯国国都位于温岭一说

执“台州说”的学者的主要依据就是2002年以来大溪古城以及塘山古墓的考古新发现。他们坚持认为，塘山古墓应当是东瓯王陵，而理所应当的，附近的大溪古城也就是东瓯国国都。

首先，塘山古墓是东瓯国时期的一处墓葬，这是无可厚非的，但是这不应是东瓯王陵，而应是一处东瓯国贵族的墓葬。墓内残存随葬器物34件，有原始瓷、印纹硬陶、印纹软陶、硬陶、泥质陶和玉器等，其中有玉璧和残玉觿各1件，其余全为陶瓷器。陶瓷器器形有匏壶、敛口双耳罐、瓮、瓿、钵、杯和纺轮。[①] 对比同时期的广州南越王墓，出土了丝缕玉衣、铜虎符等极为珍贵的国宝级文物，东瓯王、南越王作为实力相近的一方王侯，其随葬品档次差异不应如此之大，而且这与当时流行的厚葬之风格格不入。这也正佐证了这处古墓并非东瓯王陵。即使这座古墓有被盗墓的痕迹，但是墓中所出现的陶纺轮与其王侯的身份并不相符，这也成为一项有力的证据。

其次，对于西汉时期东瓯国的疆域进行分析我们可以发现，东瓯王国北界的分水岭为温峤岭，即今温岭市温岭山。[②] 国都坐落于国家的北疆，这是有悖于常理的。在任何时代，一个国家如果将自己的国都放在版图的边缘，无异于将自己的软肋放在对手面前。国都对于一个国家而言，是其绝

① 田正标，等:《浙江温岭大溪古城遗址的调查与试掘》，《东南文化》2008年第2期，第33页。

② 徐三见:《东瓯国疆域北界考》，《东南文化》1990年5期，第183页。

对的政治中心，是国家的象征。如若国都被攻下，整个国家便如同陷于瘫痪状态中，没有指挥中心，无力反抗。因此，大部分的国家都会将国都设立在版图中央的位置。如此一来，无论敌国从哪个方向入侵，都会留有一定的缓冲地带，从而留给统治者一定的时间调兵遣将，保卫国都。

因此，东瓯国国都几乎不可能存在于温岭地区。

二、证东瓯国国都位于温州一说

（一）地理位置

《史记·东越列传》提道："闽越发兵围东瓯。东瓯食尽，困，且降，乃使人告急天子。""会稽太守欲距不为发兵，助乃斩一司马，谕意指，遂发兵浮海救东瓯。"[①] 这里极为重要的一条线索就是，会稽太守在派出军队的时候，选择的是"浮海救东瓯"的形式。能使得东瓯国即将要投降的可能性只有一种，即闽越军队已经攻至东瓯国国都。也就是说，会稽太守派出军队前去解围的目的地，就是东瓯国国都。温州古代的地理范围与现今鹿城区相近。笔者就对于大溪古城与鹿城区两者的地理位置进行分析，"温州说"的可能性远远大于"台州说"。首先，鹿城区坐落于瓯江之畔，有较发达的内河航运，海上交通十分便利，所以会稽太守选择海上运兵，而并非陆上驰援可以得到了较为合理的解释。与之相反，大溪古城不但不临近河流，而且离最近的海岸线有约十公里的距离，这显然与"浮海救东瓯"的行为是完全矛盾的。

---

① 司马迁：《史记·东越列传》，中华书局，1982年，第2979页。

（二）郡县沿革

《史记·东越列传》中记载："乃立摇为东海王，都东瓯，世俗号为东瓯王。"裴骃《史记集解》在其文下注引"徐广曰：'今之永宁也。'"郭璞对于东瓯国国都的位置在何处则在《山海经》中注："今临海永宁县，即东瓯。"与之类似的文献记载不复赘述，大部分的文献中都记载东汉时期的永宁县就是东瓯国都城。所以汉永宁县即东瓯国国都这一点已经得到了充分的史料证明，是毋庸置疑的。也就是说，汉代永宁县的地理位置很大程度上就代表着东瓯国国都的位置。关于永宁县作为汉代正式地理区划，其文献记载相对于东瓯国会更加充分，也利于进行探究。因此，笔者对于永宁县的地理位置进行了初步的分析，认为其应当坐落于现今瓯江南岸的温州市区，即鹿城区。

瓯江的下游是东瓯文化的核心区域，在千年的岁月长河间，瓯江的名字也几经易辙，永宁江、永嘉江、温江、慎江。而温州历史上有史书确切记载的用名有两个，分别是晋明帝太宁元年（323）的永嘉、唐高宗上元二年（675）的温州。对比瓯江历史曾用名我们可以得出一个初步的结论：瓯江的江名往往与温州行政域名有着紧密的联系。运用这个结论我们可以尝试代入瓯江历史上的曾用名：永宁江。永宁江名的来源可能就是永宁县名，或者永宁县名取自永宁江。无论如何，两者都有不可分割的联系。

不仅如此，《弘治温州府志》卷六《坊门》载："平市坊：汉永宁县城濠在此，有埭，通四运，至今称万岁埭，后以布货于此，故改今名。"[①]《弘

① 王瓒、蔡芳：《弘治温州府志》，胡珠生校注，上海社会科学院出版社，2006年，第251页。

治温州府志》保存着大量明以前温州古史的宝贵资料，综合了明代以前温州大部分的地方志，具有极高的可信度。

以上两项证明，汉永宁县城极有可能就位于温州地区。结合后来晋代的永嘉郡郡治建于瓯江南岸（今温州市鹿城区），并且汉晋两代行政区划基本相同可知，温州市区很可能与永宁县城的地理范围基本相似。

（三）文化传承

温州对于东瓯王的祭祀有较为悠久的历史，最早的相关记载可以追溯到南宋时期的《绍定旧编》。据其所记载，当时温州东瓯王墓共有五处。这些墓当然并非东瓯王所葬地，而是当地百姓为了纪念东瓯王所建的，是百姓心中对于东瓯王深厚情感的物质寄托。除此以外，温州还有多处东瓯王庙。以华盖里的东瓯王庙为例，从明成化十三年开始，当地百姓在每年的农历三月初八，都会抬着东瓯王塑像巡游祭祀。这种活动代代相传，形成了当地的特色民俗。

众所周知，一个地区的民风民俗与其历史进程是密不可分的，它不可能是凭空出现的，也更不会突然消失。温州地区深厚的东瓯王信仰正代表了东瓯王为温州留下了不可磨灭的痕迹。与此形成鲜明对比的，在台州地区，几乎没有任何有关东瓯王的祭祀活动，除了几处考古发现以外，东瓯文化在这片土地上消失得无影无踪，这是不符合常理的。最合理的解释只有一个：温州才是东瓯国国都所在地。这是温州民间拥护与敬仰东瓯王的原因。

三、结论

纵观全文, 我们可以发现, “台州说”的证据无非就是塘山古墓以及大溪古城两处考古发现, 而这两处古迹是未得到考古界普遍认可以及证实的。笔者更倾向认为这是一处东瓯国边境抵御外敌的重要城池, 而并非东瓯国国都, 因为这同都城的选址原则是完全相悖的。同时也与后来会稽太守的水路支援方式相矛盾。而“温州说”相较而言更加合理而且有充分的依据。部分学者带着主观情感去思考的确会存在纰漏之处, 可以理解。

综上所述, 笔者认为东瓯国国都应在温州。

折戟沉沙铁未销

——论谢灵运在永嘉时期的人生转变

温州中学2021届　方文妤、蒋佳利

一、愤懑的新任太守

谢灵运（385—433）所处的晋宋时代战争纷乱，许多文人的生存空间受到限制。面对现实的黑暗，士人忧惧并交，沉溺酒杯，崇尚佛老，而纵情山水是当时文人消极避世的主要形式。于会稽郡始宁（今浙江绍兴）长大的谢灵运深受“山水含清晖”的环境影响，感受到“清晖能娱人”的乐趣[①]，在冥冥之中与山水、永嘉结下了不解之缘。

永初三年（422），宋少帝继位，奸臣当道，司徒徐羡之等人畏惧谢灵运的正直，以“构扇异同，非毁执政”的罪名，将他排挤外放，任永嘉太守。谢灵运毕竟出身于名门望族，这种出守外任，对他而言确是一种屈辱。永初三年，谢灵运赴永嘉途中所作《七里濑》中表达的，尽是内心的悲伤之情：

羁心积秋晨，晨积展游眺。
孤客伤逝湍，徒旅苦奔峭。
石浅水潺湲，日落山照耀。
荒林纷沃若，哀禽相叫啸。
遭物悼迁斥，存期得要妙。
既秉上皇心，岂屑末代诮。
目睹严子濑，想属任公钓。
谁谓古今殊，异代可同调。

① 张桂生：《谢灵运与永嘉山水》，《温州师院学报》1992年11期，第9页。

前八句是谢灵运目睹七里濑一带的急流峭岸，荒林哀禽，想到自己被贬黜，成了异乡孤客，伤感之情涌上心头。而当时正值秋日，眼前的萧瑟景象更渲染了他内心的感伤。此时的谢灵运仍沉浸于被排挤的郁闷与苦恼之中，面对永嘉的秋景，谢灵运感受到的只有凄凉与悲哀，心中并未生发喜爱之情。

二、纵情山水的太守

谢灵运到达永嘉后，秀丽山水使他的心态发生了转变，从而创作出了超越前人的作品。“身所盘桓，目所绸缪”，谢公对景物细节描写把握得十分到位、深刻，与魏晋时期的诗歌相比较，在景色描写方面给人以身临其境之感。如“崖倾光难留，林深响易奔”（《石门新营所住四面高山回溪石濑茂林修竹》），描写山幽林密的奇景，写出了光影倏逝、风振林木的山景，将自己融入深林，全身心感受一丝一缕的暖阳之美；“连岩觉路塞，密竹使径迷。来人忘新术，去子惑故蹊。活活夕流驶，噭噭夜猿啼。”（《登石门最高顶》）此诗生动形象地描写出了山岩重叠、竹林茂盛的样子，人与溪流、猿猴等自然之物相互联系，和谐共处。永嘉山水的清丽让谢灵运抛去了贬谪的苦恼，投入了淳朴的自然之美。不得不说是永嘉山水给他提供了丰富的创作素材，返璞归真。

永嘉山水给谢灵运带来了山水诗创作的契机，也为其独立思考提供条件。在《游名山志》中，他明确提出“山水，性之所适”，认为自己的内心本就对山水有一种羁绊，而且自然风光的清旷远远高于名利之场。在《富春渚》中，他也抒发了“久露干禄请，始果远游诺”的感慨。谢灵运在永嘉山水之中获得了更高的人生乐趣，找到了更加自由的人生境界。自然灵气的熏陶又给他带来了另一种潇洒无惧，永嘉的无限风光抚慰了谢灵运痛苦疲惫的身心。

其后，谢灵运所创作的诗文为世人传颂，一时间，名噪京城。据考证，谢灵运的山水诗主要完成于始宁、永嘉和临川，而现存谢灵运的 40 多首山水诗中，在永嘉写的可确证的就有 21 首。可见永嘉在谢灵运在山水抒怀之途中发挥着十分重要的作用。

三、深受爱戴的太守

谢公于出守永嘉期间，彼时的永嘉，谢公曾作《登永嘉绿嶂山》形容："澹潋结寒姿，团栾润霜质。涧委水屡迷，林迥岩逾密。眷西谓初月，顾东疑落日。"古树遮天蔽日，荫翳遮天，在山林间更是不辨东西，不分日月。因此茂盛之景，每每外出，都需带一班人马在前砍伐开道，方能辨清方位。

永嘉地处海滨，交通堵塞，居常贫困。谢公体察民情，知民贫苦，史载"龚遂守渤海，郡因岁饥，民多为盗；遨至，悉罢描吏，教民卖刀买犊，卖剑买牛，务农桑，畜鸡豚，民渐富实，盗亦戢止，邑称大治"又"汲黯学黄老之言，守东海，治官理民，好清静，其治责大指而已，不苛小。黯多病，卧国阁内不出，岁余，东海大治治务在无为而已；弘大体，不拘文法"①，可见其治理之成功。

据记载，谢公治郡时间仅一年，但是他兴修水利、重视农桑、弘扬教化，深得民心。

---

① 杨勇：《谢灵运与永嘉》，《温州师范学报》1992 年第 4 期，第 4 页。

（一）兴修水利

《白石岩下径行田》诗曰：小邑居易贫，灾年民无生；知浅惧不周，爱深忧在情。莓蔷横海外，芜秽积颓龄。饥馑不可久，甘心务经营。千顷带远堤，万里泻长汀，州流涓浍合，连统塍埒并。虽非楚宫化，荒阙亦黎萌；虽非郑白渠，每岁望东京。天鉴倘不孤，来兹试徽诫。

当时永嘉灾情严重，民不聊生，谢公看后毅然决定兴修水利，使人民生存所依赖的水源不再引用外来之水。诗中谢公已不见丝毫愤懑，只有满含对百姓的关心与为民谋生的决心。

（二）重视农桑

农桑方面，谢公在《种桑诗》中进行了描述：

诗人陈条柯，亦有美攘剔。
前修为谁故，后事资纺绩。
常佩知方诫，愧微富教益。
浮阳骛嘉月，艺桑迨间隙。
疏栏发近郛，长行达广场。
旷流始毖泉，湎途犹跬迹。
俾此将长成，慰我海外役。

谢灵运在“知方”“富教”的思想下，督劝农民种桑，心中只盼绿地无垠，只盼百姓富足。在抛开贬官愤懑的同时，其关心农事、体察民情、治理永嘉的责任感不言而喻。

（三）弘扬教化

《论语》中冉有与孔子对话：冉有曰：“既庶矣，又何加焉？”子曰：

“富之。”曰:“既富矣, 又何加焉? ”曰:“教之。”孔子的言论深深地影响了谢公, 他始终致力于弘扬教化, 正如《命学士讲学》诗曰:

卧病同淮阳, 宰邑旷武城;
孩歌愧言子, 清净谢伏生。
古人不可攀, 何以报恩荣。
时往岁易周, 聿来政无成。
曾是展予心, 招学讲群经。
铄金既云刃, 凝土亦能行。
望尔志尚隆, 远嗣竹箭声。
敢谓荀氏训, 且布兰陵情。
待罪岂久期, 礼乐俟贤明。

这首诗作于离任前不久, 谢公认为自己唯一可做的便是召集学士讲经了, 其意图将百姓培养成为有贤能的君子, 竭尽全力助百姓“教之”, 丝毫不提自己做官被贬的落寞, 仅是满怀对人民的责任感。

由此可见, 谢公在永嘉一年, 所做三件事一直将永嘉百姓的民生放在首位, 无暇顾及自身的失意, 主动承担治理永嘉的责任, 只盼百姓生之, 富之, 教之。

离开永嘉之前, 谢公作《斋中读书》以描绘当时的永嘉:

昔余游京华, 未尝废丘壑。
矧乃归山川, 心迹双寂寞。
虚馆绝诤讼, 空庭来鸟雀。
卧疾丰暇豫, 翰墨时间作。
怀抱观古今, 寝食展戏谑。
既笑沮溺苦, 又哂子云阁。

执戟亦以疲，耕稼岂云乐。
万事难并欢，达生幸可托。

经过一年的治理，百姓安居乐业，永嘉也成了几乎没有案件、官堂庭院空旷清净的政府，谢公亦在此游山玩水，乐百姓之乐了。

面临与永嘉的离别，谢公竟在内心生出丝丝不舍之情，提笔写下《北亭与吏民别》：

刀笔愧张杜，弃缟惭终军。
贵史寄子长，爱赋托子云。
昔值休明初，以此预人群。
常呼城旁道，更歌忧逸民。
犹抱见素朴，兼勉拥来勤。
定自征伐檀，亦已验惟尘。
晚来牵余荣，憩泊瓯海滨。
时易速还周，德乏难济振。
眷言徒矜伤，靡术谢经纶。
矧乃卧沉痾，针石苦微身。
行久怀丘窟，景昃感秋曼。
曼秋有归棹，昃景无淹津。
前期眇已往，后会邈未因。
贫者阙所赠，风寒护尔身。

诗中谢公讲明自己因毫无政绩，加之体弱多病，心系家乡，因而提早离职回乡。面对百姓们，更是发出“贫者阙所赠，风寒护尔身”的肺腑之言，虽相处时间仅一年，但前路漫漫，只望各位多加保重，小心风寒。此等不舍之情，又从何处看出初贬时的哀伤？

四、结论

在永嘉的谢灵运不仅开辟山水诗之先河，还在人生观方面有了重大转折。谢公初至永嘉，身怀傲气，不满被贬，但永嘉清旷山水使得他从政治失意的愤懑中抽离出来，投入自然山水的质朴中，感受最真实、最高雅的人生乐趣，从而创作出超越前人的山水诗文，不自觉地流露出了内心所想，达到了文学创作的一个高峰。

而心系人民与任职永嘉的责任感也促成了他从失意到快意的转变。面对人民常困的处境，他毅然兴修水利、劝诫农桑、弘扬教化。为解决民之生、民之富、民之教，他将自己的落寞愤懑抛开，字里行间满是对人民的深切关照与治理永嘉的决心。一年后离开永嘉之时，他浑然转变，抛开被贬的愤懑，他竟对这外任之处生出丝丝不舍。

浅析韩愈《孤屿》与江心屿关系

温州中学2021级　朱斌豪

鹿城区委宣传部编《温州江心屿》

八百里瓯江千回百转，一路向东奔腾。一座如诗如画的孤屿坐落其中，宛若女娲补天留下的玲珑青石，烟波浩渺，气象万千。这就是素有“中国诗之岛，世界古航标”之称的江心屿。此地素湍绿潭，青荣峻茂；两峰相望，颇为秀丽。历代诗人在此处留下了不少文赋诗词来抒发对山水自然之喜爱。如谢灵运的“乱流趋正绝，孤屿媚中川”、杨蟠的“一城仙岛外，双塔画图间”等。1000 多首诗词，化为瓯越历史上沉甸甸的坠饰。

然而笔者最近在翻阅清代陈舜咨的《孤屿志》[①] 和鹿城区委宣传部编的《温州江心屿》[②] 时，却有了一丝疑问。两本书中都收录了唐代诗人韩愈的一首《孤屿》（《题谢公游孤屿》），原文如下：

朝游孤屿南，暮戏孤屿北。
所以孤屿鸟，与公尽相识。

据笔者所知，江心屿是东西走向的，较为狭长；两座小山分居岛的东西两侧，南北方向上较为狭窄。韩愈却是在孤屿“南北”游玩，从“朝”到

---

①（清）陈舜咨：《孤屿志》，卷二。

② 鹿城区委宣传部编：《温州江心屿》，中国民族文化出版社，2019 年，第 48 页。

《孤屿志》封面

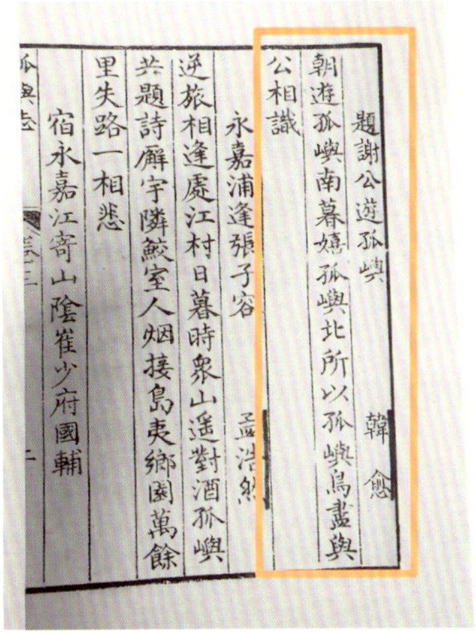

題謝公遊孤嶼　韓愈
朝遊孤嶼南暮嬉孤嶼北所以孤嶼鳥盡與
公相識
永嘉浦逢張子容　孟浩然
逆旅相逢處江村日暮時衆山遥對酒孤嶼
共題詩廨宇鄰鮫室人烟接島夷鄉園萬餘
里失路一相悲
宿永嘉江寄山陰崔少府國輔

《孤屿志》中收录的《题谢公游孤屿》

“暮”才赏玩了一遍，这不是很奇怪吗？而且从唐宋时期建造的江心双塔为东西对立的情况也可推知，那时的人们注重在岛的两端游玩。那么这首诗就有些稀奇了。难道这《孤屿》的描写对象不是江心屿，而是另有所在？为此，笔者展开了一番探究。

一、作诗地点很可能不在温州，而在河南

题目是诗文的概括，有阐明背景、主旨之类的作用。所以笔者首先想在诗的标题上找到线索。经过在搜索引擎上的查找，本诗全名为《奉和虢州刘给事使君三堂新题二十一咏 · 孤屿》[①]，是韩愈的 21 首组诗中的一首。

---

① 《昌黎先生文集》，明初朱文公校本，上海古籍出版社 2013 年，第 8 卷。

组诗的序言中说："虢州刺史宅连水池竹林，往往为亭台岛渚，目其处为三堂"，刘给事："从子弟而游其间，又作二十一诗以咏其事，流行京师，文士争和之。余与刘善，故亦同作"。大意是说当时虢州有座私宅叫"三堂"，宅主刘给事作了 21 首诗描写宅中之景；这些诗在京师的文人中很流行，韩愈与刘给事关系不错，所以也作了 21 首来应和。

虢州周初为虢国，在今河南省灵宝市。虢州三堂原址是红亭驿栈，是唐朝两京之间的重要驿站，景色优美。在唐开元年间，又在此基础上修建亭台水池，增设了 21 景，有"竹洞""月台""渚厅""北湖"等，一时成为游览胜地。

至于韩愈这首诗中提到的"孤屿"，很可能也是三堂中的一景。唐人吕温在《虢州三堂记》[①] 中写到，三堂中"回塘屈盘，沓岛交映，溟渤转于环堵，蓬壶起于中庭"，说这庭院中池塘曲曲折折，塘中小岛交相辉映；如同大海的水环绕在岛礁间，院子中间升起了蓬壶仙岛。这可以证明，三堂之中

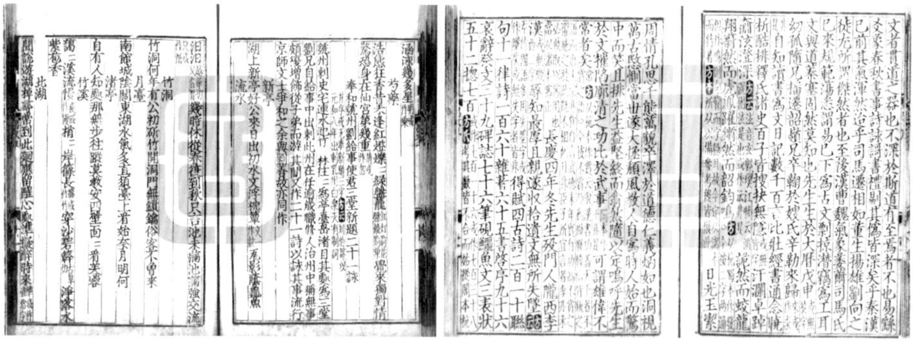

《昌黎先生文集》中收录的《奉和虢州刘给事使君三堂新题二十一咏 · 孤屿》

① （唐）吕温：《吕和叔文集》，《原国立北平图书馆甲库善本丛书》（第十卷），国家图书馆出版社，2013 年。

是有岛屿的，而且还不止有一座。那么这首诗写三堂的可能性就更大了。

宋代的苏轼在描写三堂时提到“韩公21篇，风光咸在”（《上虢州太守启》苏轼）这更是明确地指出了韩愈的组诗正是写三堂风光的。苏轼与韩愈所生活的时代还不算遥远，这段记载的可信度也较高。所以《孤屿》大概率也就是以三堂之景作为蓝本进行描摹的了。它所描写的直接对象很可能不是江心屿。

二、从经历上看，韩愈没来过温州

有专家认为《孤屿》是韩愈被贬潮州时，南下途经江心屿而创作。这是真的吗？笔者对韩愈的生平进行了一番探寻。

韩愈大历三年（768）出生于宣州（今安徽省境内），19岁时迁居京师长安。此后基本在中原一带生活。离浙江较近的一次是在贞元十五年（799）2月，董晋逝世后，韩愈随董晋灵柩前往徐州，但徐州离温州仍有700多公里。贞元十九年（803）韩愈12月被贬为连州阳山县（今广东境内）县令，自长安出发到阳山县，仍然是不会经过浙江。元和元年（806）6月，韩愈便奉召回到长安。此后在元和十四年（819）上《论佛骨表》[①]，被贬潮州。而元和十五年（820）春，赴袁州（今江西宜春）任刺史。同年9月，回京任国子监祭酒。之后便没有再因公去过南方，史书也并无记载韩愈曾途经浙江。

在私人游玩方面，温州那时并没有十分出名之景，可以让京师的官员

①《昌黎先生集》，上海古籍出版社，2013年，第三十九卷。

不远千里到此游玩。历代在江心屿实地作诗的文人，大多也是因在温州做官而前来观瞻。

三、从时间上看，不会是回忆之作

笔者猜想《孤屿》可能是诗人的回忆之作，会不会是他将对江心屿的印象套在了三堂孤屿上，实写的仍旧是江心屿呢？

在朱文公校《昌黎先生文集》之中，编者在《奉和虢州刘给事使君三堂新题二十一咏》的注释中提到“刘伯刍以元和八年（813 年）出刺乳（虢）州”，接着修三堂，作诗 21 首。诗歌传入京师，于是文人们多进行应和，创作和诗。韩愈自己组诗的序中提到刘伯刍的诗“流行京师，文士争和之”，韩愈是刘的好友，所以也写了和诗。这表明韩愈的和诗一定程度也有跟风的成分。在当时的社会环境下，诗文固然受欢迎，但不至于到几首诗在问世八九年之后仍有文人一起应和的程度。所以这些“三堂诗”大概率是在刘伯刍的诗出现后不久创作的，韩愈的也应该在元和十年（815）左右写出。此时韩愈应该没有到温州江心屿游玩的经历，所以应该也不会有相关的印象。而且元和五年（810），韩愈被降授河南县令一职，所以他去过三堂的可能性比去过江心屿的更大，他同样也没有动机在一首描写自己更为熟悉河南名景的诗上套用更加遥远的岛屿的形象。

所以在本诗上套用了江心屿场景一说，很可能也不成立。

四、结论

经过查找多方资料，根据《昌黎先生文集》中诗序的自述、《虢州三堂记》等文中的佐证以及从韩愈生平方面的分析，可以初步做出判断：韩愈的《奉和虢州刘给事使君三堂新题二十一咏·孤屿》写的不是江心屿，而确确实实就是虢州的三堂。有关宣传资料中关于其是“描写江心屿的诗歌”的误判，大概是时人的误解，或是从诗题《孤屿》中断章取义，将其加在了江心屿的头上。

这次论文的撰写，我学会了用知网、中国国家数字图书馆查找资料并联合各方材料进行分析。我知道了在日常生活中要有探究精神，对于看到的“事实”不能一味地接受，而要敢于质疑，保有一颗好奇心与刨根问底心态，如此才能不断有新的发现！

全面抗战初期温州港短暂发展原因初探

温州中学 2022 届　章晶晶

温州港是我国的著名古港，早在春秋战国，其附近海上交通就有了一定发展，有了原始港口的雏形。南宋温州曾设立船舶机构，成为对外贸易的口岸。1876 年，中英《烟台条约》签订，温州辟为通商口岸；第二年建立海关，正式开埠。随着全面抗战的爆发，温州港迎来短暂繁荣。然而，在 1939 年日军封锁与轰炸后，温州港的繁荣迅速落下帷幕。本文就温州港全面抗战初期的情况作回顾分析，从中探索温州港短暂发展原因。

一、全面抗战初期温州港的发展

七七事变后，全面抗战爆发，在民国早期并不突出的温州港，一反全国港口一片萧条的局势，飞速发展，一跃成为国内最重要的港口之一。1937年，温州港进口84.2万元，出口54.6万元，1938年进口上升至192.35万元，出口更是激增至623.99万元之多，将近1937年的11.5倍。同时，1938年温州港的吞吐量达到70万吨，为抗战前最高年份1930年30万吨的2.3倍。[①]1938年不仅是温州港抗战期间最繁荣的一年，也成了其在近代发展水平最高的一年。这让瓯海关英籍税务司莫尔根惊呼温州港的繁荣是“梦想不到的”。

1939年4月，敌机开始空袭温州，日军封锁温州港南北航道，温州港迅速衰落；1939年、1940年、1941年进出口值分别为1938年的53.1%、26.2%和0.2%，[②]其短暂繁荣只能成为一段历史的印记。1941年后，温州三次沦陷，温州港的贸易彻底陷于停顿。

① 周厚才：《近代温州的开埠和港口的演变》，《浙江学刊》1990年第4期，第48页。

② 周厚才：《近代温州的开埠和港口的演变》，《浙江学刊》1990年第4期，第50页。

二、温州港短暂发展的原因

1938 年左右温州港出现的短暂繁荣，背后有其特殊的地理、人物因素，也与时代背景紧密相关。

（一）地理特征：偏僻的地理位置和丘陵起伏的地貌

温州地处浙江西南一隅，地势由西南向东北呈梯形倾斜，西部处镇安中山区，迤东高度逐渐降低为丘陵。三面环山，一面临水，有“七山二水一分田”的说法。这给温州陆地交通建设带来了很大困难，直到全面抗战前夕才修建了温州至丽水、泽国、瑞安等三条公路。[①] 相较于陆运，海路交通为温州发展提供了可以拓展的空间。温州开埠后，航运事业发展，才使温州走向全国乃至世界的市场。

全面抗战爆发后，我国许多重要的港口城市如沿海的天津、烟台、青岛、厦门，长江沿岸的南京、芜湖等，在 1938 年 10 月底前相继沦陷。温州、宁波属于此时少数尚未沦陷的沿海港口城市。由于温州港地处偏僻，尚未修建铁路，陆地交通也不便，在政治和经济方面都没有杭州和宁波重要，所以没有引起日军足够的注意。因此，日军对温州港的限制较为宽松，也未进行空袭，致使温州港在全面抗战初期处于一个较安定的环境之中。

这个带有“时效性”侥幸性质的优势注定不能持久。温州港的贸易繁

① 常晓强：《新式交通与近代温州经济变迁》，《温州职业技术学院学报》2014 年第 3 期，第 16 页。

荣及对中国抗战的支持，最终还是引起了日军的注意。至 1939 年 4 月，日军发动对温州的空袭，温州港的基础设施遭到毁灭性打击，对外贸易也随之衰落。

偏僻的地理位置给了温州港很好的掩护和安定的环境，使其在早期躲过了日军的封锁，免于日军的轰炸；但也正是这样的地理条件，阻碍了温州港后期发展。在后续的发展中，由于温州位置偏僻、交通条件没有得到相应的改善，限制了港口经济腹地的扩大，制约了进出口市场的开拓。

（二）港口货源结构特点：战争时期特殊的物资需求

战争的爆发需要大量军需物资，内地各省将众多物资集中在温州港这个尚安全的港口出口，这使得温州港成为全国最重要的港口之一，进出口量大大上升。1938 年，温州港“进口洋货，除少数外，余均激增，尤以糖平为最，计由 15701 公担增为 20439 公担。石蜡次之，由 9512 公担升为 12248 公担。烤皮以自 500 公担进至 11127 公担。余如硫酸铵、火麻、氯酸钾、金属制品、人造靛、巴拿马草等，上年均无输入，本年则均为主要舶来品也”[①]。其中硫酸铵、氯化钾、火麻、金属制品、柴油煤油等，都是战争所急需的军需品。直至 1940 年，温州港遭到日军封锁，军需物资的运送仍不减反增，仍有不少商船携带军用物资在温州港来往。

在抗战期间，由于大量军用物资的需求，以及茶叶、桐油等商品在国外的市场紧俏，提供了充足的进出口货源，很好地掩盖了温州港贸易结构的缺点，给了温州港极大的贸易空间和发展机会。然而战争因素带来的港口

① 中华人民共和国杭州海关译编：《近代浙江通商口岸经济社会概况》，浙江人民出版社，2002 年，第 648 页。

贸易必然不会长久，随着温州沦陷，这种战时的繁荣戛然而止。近代以来，温州港周边的矿产资源尚未得到开发，重工业发展不足，进口货物主要以人民日用消费品为主，出口货物以农副产品与手工业品为主。这些商品大多属于低档次的生活必需品，贸易增长必然缓慢。

三、敢闯敢拼的“温州模式”

自开埠以来，温州工商业快速发展，勤劳务实、勇于开拓的温州人开始走向世界，使温州工商业快速发展，出现了“移民潮”“务工潮”。全面抗战初期，面对全国港口停航、市场物质缺乏的局面，温州人民打破经济封锁，主动寻找商机。

1937 年 8 月，日军封锁了我国沿海，禁止船舶行驶。温州商人敏锐地发现，日寇的封锁只针对华籍船舶，立即利用外船恢复了海上运输。为了增加货源供应，温州商人和英国的陶格拉斯轮船公司和乔治公司联系，派轮载运货行驶温州。此后，温商们将自己的，甚至是向宁波、上海等地租赁的船舶，改换名称和国籍，冒险投入运输。温州人不仅敢于进行沿海贸易，还敢于深入敌占区开拓货源。封锁日益加紧后，仍有大批小汽船、木帆船凭借其灵活小巧的特点，深入敌占区继续运输货物，此举使温州港货运量增多。①

由于日寇对粤汉铁路沿线的大举进攻，占领了我国大后方的集散中心，

① 徐定水：《抗战初期温州工商业发展的独特道路》，《浙江学刊》1987 年第 6 期，第 40 页。

全面切断了温州港的运输。在日军的蹂躏之下，温州港终于走向了全面的衰落。

温州人敢闯敢拼、外出打拼，带来了温州人才大量外流的问题，作为全国著名侨乡的温州依旧缺少投资，本地的工业和经济没有得到很好的发展。温州近代经济尤其是工业经济，起步晚，发展缺少雄厚的经济基础，存在无可回避的缺陷。经济难以与杭州、宁波、苏州等城市比肩，制约了温州港竞争力、影响力的提升和贸易市场的开拓。

四、结论

时代浪潮，云卷云舒，风起云涌。全面抗战初期，温州港在异常困难的情况下，历经急速发展，又迅速衰落，具有投机性和脆弱性。特殊的抗战时期恰与温州港当时的特点相合，成就了温州港的繁荣。而随着环境变化，温州港的繁荣便迅速瓦解，曾经促进温州港繁荣的种种条件反而成了制约其发展的阻碍。身处新时代的温州港，也应以史为鉴，紧随时代的步伐，抓紧发展的机遇，重新以现代化大港的雄姿，立足于东海之滨。